PIERRE MIQUEL

La Deuxième Guerre mondiale

racontée aux enfants

Perrin

Dessins : Vanni TEALDI

Responsable d'édition : Arlette MOREAU

Maquette et mise en pages : Francis DELABARRE

Iconographie : Arlette MOREAU / Evelyne MANGIN

Avec la collaboration du Colonel J. VERNET

Dépôt légal : décembre 1990
I.S.B.N. : 2-262-00715-2
Imprimé en Italie
N.I.I.A.G. - Bergamo

AVERTISSEMENT

Pourquoi ai-je voulu, en ce cinquantième anniversaire, vous raconter, à vous, les jeunes, la Deuxième Guerre mondiale ? Parce que personne, quel que soit son âge, ne doit ignorer ce qui s'est passé de 1939 à 1945.

En classe, chez vous, à la télévision, au cinéma, dans vos livres ou vos « BD », vous lisez, voyez ou entendez une quantité d'informations, d'images, de conversations que vous ne pouvez pas vraiment comprendre si vous ne savez rien de la Deuxième Guerre mondiale. Elle vous paraît très lointaine ; vos parents eux-mêmes ne l'ont pas vécue ; mais son souvenir et ses conséquences sont sans cesse présents dans l'actualité.

Cette guerre a fait environ 50 millions de morts et 35 millions de blessés. Des centaines de villes ont été complètement détruites. Des populations entières ont été déplacées. Sur terre, sur les mers et dans les airs, on s'est battu partout. On a vu apparaître de nouvelles armes terrifiantes. Immense champ de bataille, le monde a été bouleversé. Il n'y a jamais rien eu de pareil.

Il n'était pas facile de vous raconter l'essentiel de ce que vous devez savoir d'un conflit qui a touché le monde entier. J'ai été obligé de citer des pays, des régions, des villes qui ne vous disent rien. Alors, regardez bien les cartes. Elles vous aideront et vous ferez à la fois de l'histoire et de la géographie. J'ai dû également, pour décrire les combats, les mouvements des armées, utiliser des mots que peut-être vous ignorez. N'hésitez pas à demander des explications à vos parents. D'ailleurs, j'ai pensé aussi à eux en vous racontant cette formidable histoire. Beaucoup, j'en suis certain, découvriront la Deuxième Guerre mondiale en même temps que vous.

Le cinquantième anniversaire va durer jusqu'en septembre 1995 (de l'invasion de la Pologne, 1er septembre 1939, à la capitulation du Japon, signée le 2 septembre 1945). Je vous conseille, pendant les cinq années à venir, de relire de temps en temps cet album. Chaque fois, vous saisirez de nouvelles choses, vous comprendrez de mieux en mieux l'importance de la Deuxième Guerre mondiale et la valeur de la paix dans laquelle nous vivons.

Pierre Miquel

LA CATASTROPHE

LA CATASTROPHE

La Deuxième Guerre mondiale va commencer. Sur le grand dessin de *la page précédente,* on peut suivre le déroulement de la catastrophe. En 1938 à Munich, la France et l'Angleterre ont cru sauver la paix, en laissant Hitler envahir la Tchécoslovaquie. *En haut, à gauche,* on voit le large sourire du Premier ministre anglais Chamberlain, entre le dictateur italien Mussolini et le président du Conseil français Édouard Daladier. En fait le Führer prépare la guerre. Il a constitué une armée puissante, la Wehrmacht, et il dispose d'une police redoutable, les SS. *A gauche*, sous l'aigle nazi, le dictateur marche le bras droit tendu. Hitler a déjà l'Autriche et la Tchécoslovaquie. Maintenant, il veut la Pologne. Pour cela, il s'est allié avec le maître de l'URSS, Joseph Staline, que l'on voit à ses côtés, *en haut à droite.* Le 1er septembre 1939, il attaque. En quelques heures, les Allemands foncent sur la Pologne. *Au centre du dessin,* les chars d'assaut (les *Panzer*) et les avions de la Luftwaffe (les *Stuka*), écrasent tout. L'armée polonaise n'est pas assez forte. Son aviation est détruite, comme on le voit *en bas, à droite.* Les blindés allemands avancent très vite sur la route de Varsovie. Le 3 septembre, la France et l'Angleterre, alliées de la Pologne, déclarent la guerre à l'Allemagne. *En bas, à gauche,* c'est la mobilisation générale. La France est mal préparée à la guerre. Elle s'abrite derrière une ligne de fortification, la célèbre ligne Maginot, *au centre, en bas.* C'est la « drôle de guerre ». Tandis qu'Hitler achève d'écraser la Pologne, Staline attaque la Finlande. Mais il se heurte à la résistance des Finlandais, que l'on voit se battre dans la neige.

En 1939, Joseph Staline et Adolf Hitler s'entendent entre eux pour se partager la Pologne. Adolf Hitler est un dictateur à qui les Allemands, séduits par son éloquence et son désir de venger la défaite de 1918, ont donné le pouvoir en Allemagne en 1933. Il a déjà beaucoup de meurtres sur la conscience, ayant enfermé dans des camps de concentration des juifs, des opposants qu'il traite comme des criminels. Il a fait main basse sur ses voisins autrichiens et tchécoslovaques. Personne ne semble décidé à l'arrêter.

Joseph Staline est le dictateur de la Russie que l'on appelle URSS depuis qu'elle est devenue communiste. Qu'il se soit allié avec Hitler a étonné tout le monde. Hitler a pris le pouvoir en Allemagne en donnant la chasse aux communistes allemands, amis de la Russie et admirateurs de la révolution soviétique. Quant à Joseph Staline, il a toujours présenté Hitler et sa bande comme des hommes à abattre. Mais Staline est un tyran, comme Hitler. Il a aussi liquidé en Russie tous les opposants qu'il a enfermés dans les camps, les *goulags,* du Grand Nord ou de Sibérie orientale, il a fait fusiller, après des procès truqués, tous ses adversaires. Son pouvoir personnel est absolu. Comme Hitler, il peut ce qu'il veut.

Les protecteurs naturels de la Pologne sont les gouvernements de Londres et de Paris. Ils ont juré de la défendre. Mais Neville Chamberlain (chapeau melon et parapluie noir) qui gouverne à Londres n'est plus tout jeune. Il a eu des faiblesses pour Adolf Hitler qu'il a rencontré à Munich, en 1938, avec son allié Édouard Daladier, le président du Conseil français. Ils ont laissé Hitler s'emparer gloutonnement de la Tchécoslovaquie. Édouard Daladier, dit « le taureau du Vaucluse », passe en France pour un dur mais partout ailleurs pour un mou. Comme Neville Chamberlain, il veut bien déclarer la guerre à Adolf Hitler, mais non à Joseph Staline. Il a toujours l'arrière-pensée de « retourner » Joseph Staline contre Adolf Hitler et veut ménager l'avenir.

Alors pourquoi partir en guerre ? Le président des États-Unis F.D.R. (Franklin Delano Roosevelt) a bien prévenu qu'il ne s'intéressait pas au jeu politique européen, qu'il avait assez à faire dans le Pacifique, où les Japonais se construisaient un empire en Chine. Vingt ans plus tôt, Woodrow Wilson, le prédécesseur

Adolf Hitler prononçant un discours en 1936. Né en 1889, ce fils d'un douanier autrichien avait décidé d'être l'homme qui redresserait l'Allemagne après sa défaite de 1918. Jouant sur le désir de revanche et sur la grande misère des Allemands (l'inflation et le chômage), il séduisit les foules par son extraordinaire talent d'orateur. Il fut appelé au pouvoir le 30 janvier 1933. En août 1934, 88 % des Allemands approuvèrent une loi qui lui confiait les fonctions à la fois de président et de chancelier du Reich.

de Roosevelt, avait aidé les Européens pour qu'ils gagnent la guerre contre les Allemands. Mais les Français n'avaient pas remboursé leurs dettes de guerre et les Américains étaient furieux : ils s'étaient juré de ne plus remettre les pieds en Europe.

4 000 chars défilent à Berlin

Édouard Daladier et Neville Chamberlain étaient donc seuls pour arrêter Hitler. Ce dernier ne pouvait compter, dans l'immédiat, sur l'appui de son ami Benito Mussolini, le dictateur italien inventeur du « fascisme » (une forme d'État où les citoyens sont réduits à l'obéissance absolue à un chef, le « Duce ». Il avait fait savoir qu'il ne voulait pas se battre et que la Pologne ne l'intéressait pas. Quant au chef de l'État espagnol Francisco Franco, dictateur lui aussi, personne n'osait lui demander d'entrer dans le jeu, car chacun savait qu'après trois ans de guerre civile, il voulait rester en paix. Édouard Daladier et Neville Chamberlain n'avaient pas envie de se lancer dans la sanglante partie, mais ils savaient que, s'ils n'arrêtaient pas Hitler, il deviendrait si fort, si puissant que toute l'Europe serait soumise à sa bande d'hommes en noir portant des têtes de mort sur leurs casquettes, les SS.

Benito Mussolini, qui ne souhaitait pas la guerre, a essayé de raisonner Hitler. Mais ce dernier ne voulait rien entendre. Il avait minutieusement préparé son coup avec Joseph Staline pour s'emparer de la Pologne et rien ne l'arrêterait, même pas une déclaration de guerre de Londres et de Paris. Pourtant, cette fois, Neville Chamberlain et Édouard Daladier étaient décidés à résister.

Ce n'était pas si facile : Neville avait beaucoup de bateaux, grands et petits, dans sa *Royal Navy* mais moins d'avions qu'Adolf Hitler. Édouard Daladier avait des chars modernes et lourds, mais il hésitait à les rassembler en grandes unités comme les généraux d'Hitler, qui ne juraient que par leurs divisions blindées. Pour l'anniversaire du Führer, en avril 1939, ils avaient aligné tous leurs *Panzer* dans Berlin : 4 000 carcasses d'acier, canons pointés, antennes au vent : un mur roulant, grondant, menaçant qui fut photographié, filmé, expédié dans le monde entier pour le terroriser. Hitler ne négligeait rien pour sa publicité. Il savait qu'en montrant ses chars et les avions de son ami le maréchal Göring, il impressionnait toujours ses voisins.

Édouard Daladier se croit à l'abri derrière la ligne Maginot, une série de puissantes forteresses, construite le long de la frontière allemande. Mais les Allemands peuvent, comme ils l'ont fait en 1914, passer par la Belgique pour envahir la France, et personne n'ose continuer la ligne jusqu'à la mer, de peur de froisser nos amis belges. Ainsi Hitler pourra entrer en France en contournant la ligne Maginot. Il sait parfaitement que les Français et les Anglais n'ont, en revanche, ni les moyens ni l'envie d'entrer chez lui, en Allemagne. Toutefois, il a fait hâtivement édifier le long de sa frontière l'équivalent de la ligne Maginot, une mer d'ouvrages bétonnés, la ligne Siegfried.

Tous ceux qui partent en guerre, en septembre 1939, connaissent déjà la légende noire d'Hitler, mais ils ne savent pas encore qu'il a suscité la protestation indignée de tous les clergés d'Allemagne pour avoir fait gazer, dans les hôpitaux, les enfants anormaux. Sa conception de la race supérieure lui fait éliminer les faibles et persécuter ce qu'il appelle les races inférieures, en particulier les juifs.

Attaque à l'aube

Ainsi la *Wehrmacht* (armée de terre allemande) abat les poteaux de la frontière polonaise. Dès l'aube, les aérodromes polonais ont été attaqués par surprise, sans avoir la possibilité de réagir, par les chasseurs-bombardiers à croix noire qui vont se rendre célèbres à l'Ouest, les fameux *Stuka*. Les quelques avions dont pouvaient disposer les Polonais sont détruits. Le ciel est à la *Luftwaffe* (armée de l'air) commandée par Göring : des milliers d'appareils survolent les armées, attaquent les rassemblements de troupes. Les Polonais

A

B

C

D

E

F

La France aligne au début de la guerre 108 divisions. L'homme de troupe de l'infanterie de ligne (A) *comme le soldat engagé dans l'artillerie porte l'uniforme de campagne le plus courant, la capote, et le casque en acier* (B). *Le soldat de l'infanterie coloniale* (C) *lui aussi en tenue d'hiver et les jambes enveloppées de bandes molletières, est coiffé du képi bleu foncé. L'officier d'infanterie est revêtu d'une veste kaki et d'une culotte bouffante* (D). *On remarque* sur le dessin (F) *que les Britanniques portent un casque à bords plats. Les soldats qui portent une sorte de jupe qu'on appelle « kilt » appartiennent à un régiment écossais.*

L'affiche du dessinateur Paul Colin appelle les Français à se méfier des espions allemands. Les journaux sont soumis à la censure.

ne disposent que de pièces d'artillerie de la dernière guerre.

Le 1er septembre à 4 h 45 exactement, dans un hurlement de chenilles d'acier, les *Panzer* se ruent sur les plaines polonaises. Le ministre de la Propagande, le Dr Goebbels, explique que l'armée allemande a pour but de « libérer » les Polonais d'origine allemande, s'exprimant en langue allemande, qui sont 600 000 en Pologne et particulièrement nombreux à Dantzig.

Quand les Français et les Anglais déclarent la guerre, le 3 septembre 1939, les divisions allemandes sont déjà très avancées en Pologne, sur la route de Varsovie.

Les 1 500 appareils de la *Luftwaffe* soutiennent de leurs raids incessants les 6 divisions blindées et les 4 divisions entièrement portées sur camions, précédées par des automitrailleuses qui s'enfoncent en Pologne, avec 2 divisions de SS en uniformes noirs : au total 61 divisions contre 39 divisions polonaises d'infanterie et 11 brigades de cavalerie sur un front immense de 1 600 kilomètres. Seuls les marais, les forêts, les fleuves peuvent arrêter cette ruée, mais l'été est chaud et les rivières sont au plus bas. On peut les franchir presque à gué dans certains cas. Il ne pleut pas et les chenilles des *Panzer* mordent bien sur la croûte poussiéreuse des plaines. De toute façon les généraux allemands ont prévu des équipages pour lancer très vite des ponts très nombreux, avec des bateaux d'assaut blindés pour franchir les fleuves. Les éléments parachutés en uniformes polonais des services secrets de l'armée *(Abwehr)* se sont emparés des ponts, empêchant les Polonais de les faire sauter. Ils signalent aux motocyclettes des avant-gardes les dépôts d'essence à prendre, les postes et les centres téléphoniques à faire sauter, les états-majors à attaquer avec les bombes aériennes. L'armée polonaise, avant d'être vaincue, est désorganisée : les ordres ne parviennent pas aux unités et les généraux ne savent pas où se trouvent leurs combattants.

La Pologne écrasée et la France immobile

Les blindés avancent toujours sur la route de Varsovie, à raison de 50 kilomètres par jour : la ville est atteinte le 8 septembre, par l'armée allemande du sud commandée par von Rundstedt. Le 9, les Polonais lancent une contre-attaque vers Lodz. Ils sont écrasés par les bombes d'avions. Au nord, les Allemands sont entrés dans le port de Dantzig et se sont rués vers la rivière Bug sans rencontrer de résistance efficace. De grandes unités polonaises sont encerclées. Elles résistent, mais ne peuvent échapper au feu des canons automatiques et des mitrailleuses d'avions. Les 40 régiments de cavalerie polonaise — l'orgueil de l'armée — sont particulièrement inefficaces contre les blindés, même s'ils ont le courage de les charger.

Le gouvernement polonais a déjà quitté Varsovie, sa capitale, où la population se soulève pour résister à l'envahisseur. Les gens creusent des fossés, dressent des barricades, attaquent les chars avec des fûts d'essence. Varsovie tient ainsi jusqu'à la fin de septembre, ce qui exaspère Hitler. Pour en finir, il n'hésite pas à faire massacrer les civils par un raid meurtrier de la *Luftwaffe :* des milliers de morts. Le 1er octobre, la 10e division allemande fait son entrée dans les ruines de Varsovie.

Que font les Français pour aider leurs alliés ? Ils avaient promis de prendre l'offensive. N'ayant devant eux que 43 divisions allemandes dont 11 seulement de bons soldats, ils pouvaient espérer inquiéter Hitler, l'obliger à détourner des troupes de Pologne pour se protéger à l'ouest. Le président Daladier et le général Gamelin avaient promis cette offensive aux Polonais dans les 15 jours qui suivraient la déclaration de guerre. Les Français s'approchent effectivement de la ligne Siegfried le 7 septembre. La IVe armée occupe la forêt de la Warndt. Il était prévu que la IIIe armée devait attaquer le 22 sur Sarrelouis. L'attaque est annulée en raison des mauvaises nouvelles venues de Pologne. Gamelin n'a pas lancé une véritable offensive mais une simple opération de diversion.

Les agents français du 2e Bureau (service d'espionnage) lui envoient de Pologne des rapports très détaillés sur la guerre. Il ne peut ignorer la méthode d'attaque de la « guerre éclair » pratiquée par les Allemands. Des groupements de 2 divisions blindées, soit un millier de chars, attaquent en liaison radio étroite et constante avec les avions d'assaut, chasseurs-bombardiers *Stuka* intervenant en piqué sur les objectifs à la demande des chars. Une division d'infanterie accompagne les blindés, bien pourvue d'armes antichars et de défense antiaérienne. Ces groupements avancent droit devant eux, par des étapes de 80 kilomètres par jour, sans s'occuper du reste du front. Ils percent les lignes ennemies et s'avancent résolument vers l'intérieur. Les renseignements fournis par les agents secrets permettent aux unités de neutraliser les états-majors et

Le 1er septembre à 4 h 45 exactement, dans un hurlement de chenilles d'acier, les Panzer *se ruent sur les plaines polonaises*

Un bombardier allemand survole Varsovie et déverse sa cargaison de bombes sur la ville. Le harcèlement des avions est incessant au-dessus de la capitale en ruine. Mais ses habitants vont se défendre jusqu'au bout, malgré le peu de chances qui leur reste d'arrêter Hitler.

de s'emparer des stocks d'armes et de carburant. L'infanterie suit pour exploiter la percée et la consolider. Les chars sont ravitaillés par des réservoirs parachutés par des avions de transport *Junkers 52,* quand les camions-citernes qui suivent toujours les unités sont à vide. La route des blindés est éclairée par des motocyclistes à side-cars armés de mitrailleuses.

L'armée Rouge à son tour...

Les agents ennemis répandent la terreur dans les villages, brûlant au lance-flammes ceux qui sont supposés résister. La population paniquée s'enfuit sur les routes. Cet exode des civils empêche l'armée polonaise de se déplacer sur les routes. Le pays entier est désorganisé. À partir du 17 septembre, conformément au pacte germano-soviétique signé le 23 août à Moscou, l'armée Rouge avance à son tour en Pologne orientale, saisissant 200 prisonniers. La Pologne a cessé d'exister comme État. Les Russes annexent une zone d'occupation, qu'ils disent peuplée de Russes blancs et d'Ukrainiens, ainsi que la Lituanie. Les Allemands créent dans leur zone d'occupation un « gouvernement général » qui accorde la citoyenneté allemande à 600 000 personnes parlant l'allemand, les autres sont exclues de toutes les fonctions publiques et ne peuvent posséder de biens. On les chasse des écoles secondaires et des universités. Les Polonais, qui n'ont plus de patrie, ne sont plus protégés par la loi. Ils vont subir la terreur des hitlériens appelés désormais nazis. Les juifs de Pologne seront arrêtés et déportés

Partout où elles passent, les troupes allemandes mettent les villes à feu et à sang. Cette image montre ce qui reste d'un village après leur passage. Les maisons ont été incendiées et détruites. Seuls quelques murs tiennent encore debout. Les habitants ont disparu.

Le dessin de la page suivante montre des Polonais à cheval affrontant les chars allemands. Évidemment, ils n'avaient aucune chance. Il faut dire que la Pologne s'était très mal préparée à une guerre pourtant inévitable.

dans de vastes camps de concentration. L'ordre SS commence à s'abattre sur la Pologne comme il règne déjà en Tchécoslovaquie. L'Europe restée libre ne peut pas l'ignorer.

Elle n'a pas les moyens d'agir : elle ne peut même pas, comme en 1914-1918, espérer affamer l'Allemagne par un blocus : le pacte germano-soviétique garantit à Hitler des livraisons importantes de blé, de pétrole et de minerai de fer, en échange d'armes allemandes livrées aux Russes. L'URSS fournit de l'essence aux *Panzer* qui vont attaquer l'Ouest, de la farine pour le pain des soldats de la *Wehrmacht*, du fer et du cuivre pour tourner les obus. Les Allemands ont tous les moyens de renforcer leur armée, qui a montré déjà en Pologne qu'elle pouvait intervenir avec la plus grande efficacité en campagne.

En France, plus de soldats que de fusils

En revanche, l'armée française n'est pas prête, et l'armée britannique moins encore : depuis dix ans les Français se croient protégés par leur ligne Maginot qui leur a coûté très cher. C'est la plus moderne fortification du monde. Les nouveaux canons de 75 qui garnissent la ligne tirent 30 coups à la minute jusqu'à 11 kilomètres. Les mortiers, les canons de 135, les pièces antichars impressionnent les visiteurs étrangers.

La frontière nord, du côté belge, est mal protégée, ainsi que la vallée de la Meuse à Sedan : c'est que l'état-major ne croit pas du tout à une attaque dans les Ardennes où les routes sont très étroites et sinueuses à travers le massif forestier. Quant à la Belgique, le général Gamelin se propose d'y porter ses troupes rapides dès qu'elle sera envahie, et il ne doute pas qu'elle le soit. Il a pourtant massé 50 de ses divisions sur le nord-est, et 41 seulement dans le nord. Il est vrai que là sont les meilleures unités de l'armée, les fameuses « divisions mécanisées » dotées de chars légers, d'automitrailleuses et de nombreux camions de transport, avec pièces antichars. Elles ne sont que trois, représentant 30 000 combattants, contre 10 *Panzerdivisionen.* Où sont donc passées les « divisions cuirassées » françaises dont la presse annonce la création ? La 1re division cuirassée française, prévue en 1936, n'existe pas à la déclaration de guerre. L'industrie ne fournit qu'un bataillon par an. Il faut pousser la fabrication pour obtenir que 20 chars sortent des usines par mois. La 2e division blindée n'est réunie

qu'en mars, la 3ᵉ et une 4ᵉ en gestation en avril. En attendant les livraisons de matériel, les premières divisions ne fonctionnent qu'avec les moyens existants, des chars très inférieurs non équipés de radio.

Les 600 chars français réellement opérationnels dans les 3 divisions blindées réunies en avril 1940 ne peuvent pas compter sur un appui d'aviation efficace, et les Français n'ont pas d'avion d'assaut comparable au *Stuka.* L'aviation n'est pas prête : au printemps de 1940 elle ne compte au front qu'un peu plus de 400 chasseurs capables de prendre l'air. On compte sur les escadrilles de la *Royal Air Force* équipées de *Hurricane* et déjà de *Spitfire* pour intervenir sur le front. Mais les Anglais, méfiants, ne les envoient d'abord qu'au compte-gouttes sur le continent.

On a mobilisé trop d'hommes, trop vite : il n'y a dans les magasins que 3 000 000 d'armes pour 5 000 000 de soldats, qui n'ont pas tous de casques, de godillots, d'équipements modernes. Certains touchent des vieux fusils *Gras* modèle 1880 ou des *Lebel* de la dernière guerre. On ne possède que 250 000 fusils modernes *MAS* fabriqués à Saint-Étienne. Très rares sont les canons légers à tir rapide antiaériens, même les mitrailleuses lourdes font défaut. Dans certaines unités les motocyclettes manquent, et même les automobiles. On a réquisitionné 500 000 chevaux pour tirer les vieux canons de 75 et les fourgons de ravitaillement.

Une « drôle de guerre »

Les officiers de carrière sont trop peu nombreux pour commander valablement une telle masse d'hommes. L'armée est fière de ses jeunes généraux, comme Juin, de Lattre, Dame. Mais combien d'anciens de

Un groupe de choc finlandais patrouille en forêt où il harcèle sans arrêt l'armée soviétique. Les soldats portent sur leur casque une tête de mort. L'un d'eux à gauche sur la photo, *s'apprête à charger son arme. On lit sur les visages une volonté farouche de repousser l'ennemi.*

1914 parmi eux, à commencer par le généralissime Gamelin qui était en 1914 officier d'état-major de Joffre ? Manquent surtout dans les unités des sous-officiers de carrière, capables d'enseigner le maniement des armes et la tactique de combat. Les 5 000 000 de mobilisés s'ennuient dans les lignes de la « drôle de guerre » où il ne se passe rien. Ils supportent un hiver très rigoureux dans de mauvais cantonnements. En dehors des activités de patrouille et des engagements d'aviation, il ne se passe rien. La propagande allemande — encore appelée aujourd'hui le « bourrage de crâne » — se déchaîne à la radio. Ferdonney, un Français payé par les Allemands, parle tous les jours à Radio-Stuttgart. Il est très écouté quand il explique que « les Anglais donnent leurs machines et les Français leurs poitrines ». Les soldats britanniques sont à peine 200 000 en ligne. Qu'attend la France pour faire la paix ?

Des bruits circulent dans les lignes, alimentés par la propagande ennemie : on signerait la paix en avril. La « drôle de guerre », cette guerre où personne ne bouge et que les Allemands appellent la « guerre assise », se terminerait, une fois de plus, par un arrangement. Les Français ne peuvent savoir que, depuis septembre, Hitler a remis 14 fois l'ordre d'attaque à l'ouest. La plupart du temps en raison de l'impréparation de sa propre armée ou des mauvaises conditions météorologiques. Le 10 janvier 1940, les Belges ont saisi le plan d'attaque allemand dans la serviette d'un major de la *Luftwaffe* dont l'appareil avait dû faire un atterrissage forcé. Imposant son autorité aux chefs de la *Wehrmacht,* Hitler imagine un nouveau plan d'invasion, le fameux « plan jaune ». Les combattants ignorent tout de ses intentions. Ils sont, au contraire, intoxiqués par la radio et redoutent la présence à l'arrière des agents allemands de la « 5e colonne » qui secondent la propagande pacifiste. Un certain découragement s'empare des combattants au printemps. Ils ont le sentiment que la guerre peut se prolonger indéfiniment, que les gouvernements ne font rien pour y mettre fin.

La Finlande seule face aux communistes

Quand l'armée Rouge attaque la Finlande, le 30 novembre 1939, l'indignation est générale en France et en Grande-Bretagne. Les Finlandais ont courageusement refusé de céder à Moscou les territoires qu'il réclamait. L'armée Rouge avait envahi le pays sans déclaration de guerre, à la manière allemande. Guerre singulière, dans l'hiver glacé, où les tirailleurs finlandais devaient donner leur mesure, abattant avec précision les assaillants, à l'abri de la ligne Mannerheim, longue d'une centaine de kilomètres. Dans une couche de neige d'un mètre cinquante, par —30 °C, l'armée Rouge tombait dans les pièges à chars, se faisait décimer par les mitrailleuses sous abris. Les 28 divisions de 18 000 hommes chacune, engagées par Moscou, ne parvenaient pas à vaincre une petite armée de 200 000 hommes qui gardait une frontière de plus de 700 kilomètres. Toutes les attaques russes étaient repoussées. À partir de janvier 1940, les Finlandais passaient à l'offensive. À Suomussalmi, 2 divisions russes étaient encerclées et morcelées. Les Finlandais récupéraient 46 chars, 50 canons, 400 camions. C'était une surprise pour les observateurs du monde entier

que d'assister à l'impuissance d'une armée Rouge qu'ils croyaient formidable.

Staline donne des ordres très stricts : il faut l'emporter à tout prix. Le maréchal Timochenko prend les opérations en main et reçoit de très importants renforts. Le 1er février, les Russes attaquent à un contre trois, utilisant pour la première fois les chars lance-flammes. Le 11 février, après une héroïque résistance, les Finlandais sont enfoncés. La France

« Je n'oublierai jamais le " hourra ! " que nous poussâmes alors ; sur l'un des bateaux ennemis, par babord devant, une flamme jaune apparut et une grande colonne de fumée et d'eau s'éleva... » Récit du seul survivant de l'Acasta, *destroyer coulé dans les eaux norvégiennes.*

Chaussés de ski et enveloppés de blanc, les Finlandais se battent couchés dans la neige profonde, à travers les futaies. Ils n'ont qu'une petite armée et disposent seulement d'une soixantaine de vieux chars. Pourtant, ils réussissent à bloquer les Soviétiques pourtant beaucoup plus nombreux.

28 avril 1940, un navire français en reconnaissance dans le fjord de Narvik. Pris de vitesse par Hitler, les Alliés ont monté en toute hâte la campagne de Norvège. Ils veulent empêcher les Allemands de débarquer au nord du pays à Narvik, qui sera pris par les Français le 28 mai, mais évacué le 7 juin.

En avril 1940, la France décide de se porter au secours de la Norvège à son tour frappée par Hitler. Sur cette photo, les soldats français attendent d'embarquer. Ils ont posé leurs paquetages et leurs armes sur le quai.

et l'Angleterre vont-elles laisser périr cette nation courageuse, agressée par l'allié d'Hitler ? Même les Italiens envoient des secours aux Finlandais. Les Français bougeront-ils ?

Daladier suggérait aux Anglais d'envoyer en Finlande une expédition alliée dès le mois de décembre. Mais la Suède refusait de laisser passer sur son territoire les soldats alliés. Elle était neutre et voulait le rester. Le 2 mars 1940, Daladier proposa de nouveau aux Anglais 50 000 hommes pour une expédition de secours en Finlande, que l'on pourrait débarquer à Narvik, en Norvège. Il était trop tard : le 12 mars, les Finlandais acceptaient les conditions soviétiques.

À Londres et à Paris, la presse exigeait des changements politiques : ceux qui avaient laissé écraser la Finlande devaient partir. Daladier était aussi attaqué à Paris que Chamberlain à Londres. Le Français fut le premier à quitter le pouvoir. Son successeur, Paul Reynaud, envisageait aussitôt d'attaquer la Norvège pour couper aux Allemands la route du fer suédois. Le précieux minerai alimentait en effet, avec le fer livré par Staline, l'industrie de guerre allemande. « Couper la route du fer » était devenu l'objectif du gouvernement français. Les Anglais avaient décidé de mouiller des mines au large des côtes de la Suède pour couler les navires allemands chargés de minerai de fer. Les Alliés décident en outre de rassembler un corps expéditionnaire pour occuper la Norvège.

Les Allemands avaient surpris les préparatifs des Alliés. Hitler résolut de les battre de vitesse. Il prendrait la Norvège où il pourrait organiser des bases navales et aériennes d'attaque vers l'Angleterre. Le 7 avril, 10 000 hommes embarqués sur des navires de guerre étaient acheminés vers les ports norvégiens. La flotte allemande avait déjoué la surveillance de la *Royal Navy.* Des parachutistes étaient lâchés sur les aérodromes d'Oslo et de Stavanger. Les défenses norvégiennes avaient été pulvérisées par les bombes des avions de la *Luftwaffe.*

Maîtres des 5 ports, Oslo, Stavanger, Bergen, Trondheim et Narvik, les Allemands tenaient presque toute la côte. Pour se renforcer commodément en faisant venir par les détroits des troupes du sud, ils envahissaient le Danemark. Le roi, surpris au lit, acceptait de placer son pays « sous la protection de l'Allemagne ». En quatre heures, l'armée allemande occupait entièrement le petit royaume et poursuivait sa progression vers la Norvège. Hitler avait gagné la course de vitesse.

L'amiral Cork, qui commande la flotte alliée, a surtout pour objectif la destruction de la flotte allemande. Les Allemands perdent 3 croiseurs sur 8, leurs plus belles unités sont endommagées. 10 destroyers sont coulés. Pour la *Royal Navy,* c'est un bulletin de victoire.

Sur terre, l'opération est désastreuse. Les Alliés ont envoyé en Norvège des troupes d'élite, la Légion étrangère, les chasseurs alpins, les volontaires polonais pour la France, les *Irish Guards* et les *Scot Guards* pour la Grande-Bretagne. Ces soldats, qui ont un bon moral, n'ont pas de matériel adapté. Les skis ne parviennent pas dans les ports de débarquement. Les éclaireurs-skieurs français doivent se contenter de raquettes ou de skis norvégiens empruntés. Pas de transports : on utilise des traîneaux remorqués par des chevaux. Pas de DCA : les raids de la *Luftwaffe* sont meurtriers, les bombardiers en piqué attaquent les navires dans les ports de débarquement, les rassemble-

2

3

1

4

Le sort de la guerre se joue en grande partie dans les airs. L'Allemagne possède les avions les plus performants. Le Junker Ju 88 A (photo 3) *est le meilleur bombardier bimoteur de la Luftwaffe. Ses possibilités paraissent illimitées.*

Le Messerschmitt 108 (4) *est le premier d'une série de chasseurs remarquables. Le Messerschmitt 109* (5) *détient des records de vitesse impressionnants, de 570 à 727 km/h.*

Ni l'Angleterre ni la France ne sont prêtes au début de la guerre à faire face à la puissance allemande malgré l'efficacité du bombardier anglais Blenheim (2) *et du chasseur français Curtiss P 36* (1).

5

Sur une base aérienne allemande, voici une escadrille de chasseurs Focke Wulf 190. Cet avion redoutable entre en action en juillet 1941 et prouve tout de suite sa supériorité sur les avions de chasse anglais. C'est le meilleur appareil de cette catégorie. Il est armé à ses débuts de deux canons et de deux mitrailleuses.

ments de troupes. Il faut se cacher sous les sapins, creuser des abris à la hâte. Les avions allemands décollent d'Oslo ou du Danemark. Ils sont à portée d'opération. Les chasseurs anglais qui les combattent n'ont pas d'aéroport sur place. Ils doivent franchir 500 kilomètres avant de rencontrer l'ennemi et borner l'engagement à quelques minutes, sous peine de manquer d'essence pour rentrer. Dans ces conditions, la supériorité aérienne allemande rend les positions alliées impossibles à tenir.

Les Alliés parviennent pourtant à débarquer dans deux ports que les Allemands n'ont pas eu le temps d'occuper, Namsos et Aandalsnes. On réussit à débarquer, de nuit, du matériel. Mais les avions attaquent à l'aube : tout est détruit. Les Britanniques tirent la leçon de l'échec et s'en vont les premiers. Les Français doivent suivre le mouvement, sauf au nord, à Narvik, où les légionnaires et les chasseurs de Béthouart réussissent à déloger les Allemands. Amère victoire, la Norvège est perdue. L'expédition est un échec presque complet.

À Londres, Chamberlain abandonne le pouvoir. Si Paul Reynaud se maintient à Paris, c'est que des événements graves se préparent. Winston Churchill, ennemi juré d'Hitler, vient au pouvoir en Angleterre. Les Alliés auront-ils les moyens de repousser l'agression allemande qui se prépare ?

3 500 avions allemands

On reconnaît à bien des signes qu'Hitler est décidé à passer à l'attaque. Que savent les Français des préparatifs allemands ? Les duels aériens les ont fort bien renseignés sur la supériorité de l'aviation ennemie. Le 10 mai, les Français ne disposaient que de 1 368 avions dont un millier seulement étaient modernes. Seuls les *Dewoitine 520* et les *Curtiss* importés d'Amérique pouvaient soutenir la comparaison en vol avec les *Messerschmitt 109.* Pour accélérer les livraisons du nouveau Dewoitine, l'armée de l'air envoyait des pilotes dans les usines de Toulouse, pour les prendre directement en charge. Ils manquaient constamment d'équipements, de pièces de rechange et même d'armement. Quant aux avions américains, ils n'équipaient que 4 groupes de chasse. Les bombardiers *Glenn Martin* et *Douglas* devaient être livrés trop tard. Ils manquaient de pneus, de bougies, de pompes. Les pilotes n'avaient ni parachutes ni masques à oxygène. Ils atterrissaient mal sur les terrains trop humides, conçus pour les biplans en bois de la précédente guerre. La production en série avait commencé trop tard en France pour être efficace. Les aviateurs devaient se battre avec des avions déclassés, les *Bloch 151,* les *Potez* et les *Morane.*

Contre cette aviation insuffisante, les Allemands allaient se battre à 5 contre 2 grâce à leurs 3 500 appareils de ligne, prêts au combat. La moitié était des bombardiers entraînés à l'action coordonnée avec les blindés, des *Stuka,* des *Junkers 88.* Les *Heinkel* et les *Dornier* constituaient de véritables flottes de bombardiers lourds. Les 240 bombardiers français, lents et peu maniables, seraient des proies faciles pour les chasseurs allemands.

L'aviation britannique pouvait-elle venir au secours des Français trop faibles ? Nullement ! Les usines anglaises avaient fabriqué au mois d'avril 1940 150 chasseurs *Hurricane* et 77 *Spitfire* seulement. Les pilotes s'étaient à peine familiarisés avec ce tout nouveau modèle. Après les premières batailles, la flotte aérienne anglaise réellement présente en France dépassait à peine les 200 appareils.

Les illusions du général Gamelin

Pourtant Gamelin avait confiance dans les défenses françaises. Il estimait son artillerie supérieure, et la ligne Maginot imprenable. La bataille aurait lieu dans la plaine des Flandres, en Belgique où il devait porter ses forces, le long de la rivière Dyle, aux premiers signes de l'offensive allemande. Il connaissait les faiblesses de l'armée ennemie. En dehors de son avant-garde motorisée, que l'on sous-estimait, les Français avaient repéré 6 divisions blindées ennemies. Il y en avait 10 en ligne. Gamelin croyait que le gros des effectifs d'infanterie était aussi mal formé et encadré que dans sa propre armée. Les interrogatoires de prisonniers permettaient de penser que dans beaucoup d'unités on était parti à la guerre en train et à pied comme en 1914. Seules quelques unités avaient été modernisées. On connaissait certes l'existence, près de Sarrebruck, d'une division d'infanterie baptisée *Adolf Hitler,* armée jusqu'aux dents. Une autre, avec le régiment *Gross Deutschland* composé de soldats de Prusse, armés d'engins mécaniques. Mais sur les 114 divisions mobilisées, à peine 90 étaient opérationnelles et toutes n'avaient pas un bon matériel. Si l'on arrêtait les premières troupes d'élite, on pouvait gagner cette guerre. Ainsi pensait Gamelin, qui s'attendait à la ruée allemande en Belgique.

Pourtant les espions du 2e Bureau de renseignements avaient signalé la concentration des soldats venus de Pologne à Cologne et Aix-la-Chapelle. D'autres centres de regroupement avaient été observés : au nord, dans la Ruhr près de Düsseldorf, au sud près de Francfort. Gamelin triomphait : toutes ces unités étaient évidemment destinées à l'invasion de la Belgique, et peut-être aussi des Pays-Bas.

Le nouveau plan d'attaque allemand datait du 1er mai. Hitler se proposait effectivement d'attaquer la Belgique et la Hollande, avec un groupe d'armées B, confié au général von Bock mais un autre groupe d'armées A, avec 7 divisions blindées et 3 divisions mécanisées, les meilleures troupes de la *Wehrmacht,* devait attaquer plein ouest, franchir le massif des Ardennes et percer sur la Meuse, dans le but d'encercler toutes les unités alliées aventurées au nord, en Belgique. Tel était le dernier plan d'Hitler. Gamelin n'en soupçonnait même pas l'existence. Totalement abusé par les concentrations de troupes allemandes le long de la frontière belge, il n'avait pas tenu compte des unités blindées massées au sud, du côté du massif de l'Eifel, que les observateurs n'avaient pas su déceler. Personne ne prévoyait en France la surprise du 10 mai. Ce jour-là, en quelques heures, le front allié de l'Ouest allait craquer.

Un jeune soldat allemand sur son Panzer *en mai 1940. Les chars allemands sont impressionnants. Leur puissance de feu et leur vitesse mais surtout la manière dont ils ont été utilisés ont permis à Hitler de gagner ce qu'on appelle « la guerre-éclair ». On voit sur la photo les énormes chenilles et la force du blindage.*

L'INVASION

LE FIGARO
LE FIGARO ECONOMIQUE (Page 4)
LA BATAILLE CONTINUE
Elle est toujours très dure, en particulier dans la région de Vervins et dans celle d'Avesnes
NOS ARMEES CONTIENNENT L'ENNEMI
LE MARECHAL PETAIN ENTRE dans le gouvernement
DERNIERE EDITION
Paris-soir
Le REICH se résout à l'offensive à l'ouest
C'est par vagues d'avions par parachutistes déguisés par embarcations blindées que les Allemands ont attaqué
Les avions allemands survolent la Hollande
C'est à l'aide de nombreuses embarcations blindées que l'Allemagne a envahi la Hollande
La Hollande assurera l'ordre intérieur
A-+5

L'INVASION

Le dessin de la page précédente montre la tragédie qui s'abat sur la France en mai quand les Allemands attaquent en force. Hitler envahit la Hollande, la Belgique et la France par surprise. L'offensive est conduite par les généraux Rommel et Guderian *(à gauche, de profil, à côté de militaires allemands).* Le ciel se couvre subitement de *Messerschmitt* et de *Junker.* Les journaux annoncent que des vagues d'avions se jettent sur la France. L'armée française doit reculer devant la poussée des Panzer à travers les Ardennes *(comme nous le montre le dessin à gauche).* Le 14 mai, Guderian remporte à Sedan une bataille décisive. Des centaines de milliers de personnes fuient à pied vers le sud *(dessin à droite).* Les voitures surchargées de bagages avancent lentement sur des routes encombrées que les avions ennemis bombardent. Pour redonner de l'espoir aux Français, Paul Reynaud demande, le 18 mai, au maréchal Pétain, d'entrer au gouvernement et, le 19 mai, le général Weygand est nommé chef des armées. Le premier a quatre-vingt-quatre ans, le deuxième soixante-treize. Ils *(en haut à droite)* sont les vainqueurs de la Première Guerre mondiale mais, cette fois-ci, il est trop tard. La France a perdu. Le Maréchal va demander l'arrêt des combats.

Les Stuka se déplacent en formations serrées. On voit ici une de leurs formations.

10 mai 1940. Par milliers, les avions allemands prennent l'air dans la nuit. Ils grondent au-dessus des lignes alliées, de la Hollande à la frontière suisse : la vraie guerre commence.

Les aviateurs allemands ont pour mission de détruire à la bombe les appareils alliés sur les aérodromes. Ils ignorent tout de l'ensemble de l'opération. La surprise est totale, le secret bien gardé. 47 bases sont attaquées en France cette nuit-là. Il ne reste que 419 chasseurs en état de prendre l'air sur les 579 existants. Les destructions sont sensibles, elles ne sont pas totales. Les pilotes français prennent l'air pour chercher la revanche. Le 10 mai, dans la région de Suippes, 6 chasseurs *Curtiss* attaquent un groupe de bombardiers protégés par des *Messerschmitt* et détruisent 9 appareils.

On ignore encore la signification de cette attaque aérienne brutale et massive. On réveille le généralissime Gamelin : les Allemands attaquent ! Il reçoit des nouvelles du Luxembourg : le grand-duché est envahi. D'autres informations proviennent de Belgique et de Hollande où l'on signale des parachutistes et des blindés. Gamelin se frotte les mains : tout se déroule comme il l'avait prévu, dit-il : les Allemands entrent bien en Belgique. Il donne aussitôt des ordres. Les colonnes motorisées des unités les plus modernes de l'armée française, répondant à l'appel des gouvernements belge et hollandais, franchissent la frontière du nord pour se porter sur la ligne de la rivière Dyle où Gamelin a prévu d'arrêter les agresseurs.

Il est troublé pourtant par l'incertitude des nouvelles qui viennent de Hollande : on signale des parachutistes en uniforme néerlandais. Il semble que l'état-major allemand ait employé partout des troupes spéciales : Gamelin ne peut pas savoir qu'elles sont en réalité très peu nombreuses. Une seule division, celle du général Student, lance ses unités aéroportées transportées par planeurs et par hydravions. Hitler a demandé à Student de préparer l'invasion de la Hollande en occupant les aérodromes et les ponts. Il a aussi reçu l'ordre de s'emparer de la reine de Hollande et de son gouvernement. Avec 450 avions *Junkers 52,* il transporte sa propre division et une autre division de troupes spécialement entraînées pour les attaques par

2491

Erwin Rommel (1891-1944) est un des meilleurs généraux du Führer. Au début de la guerre, il commande la 7e Panzer-division engagée dans la bataille de France. Il s'illustre ensuite à la tête de l'Afrikakorps en Libye. Très aimé de ses hommes et estimé par ses adversaires, on le surnommera le « renard du désert ». En 1942, il est battu à El-Alamein par le général anglais Montgomery, En 1944, il ne parviendra pas à éviter que les Alliés débarquent en Normandie. Accusé par Hitler d'avoir comploté contre lui, il devra se suicider en 1944.

Un jeune soldat allemand sur son Panzer en mai 1940. Les chars allemands sont impressionnants. Leur puissance de feu et leur vitesse, mais surtout la manière dont ils ont été utilisés, ont permis à Hitler de gagner ce qu'on appelle « la guerre éclair ».

surprise. À Rotterdam, les hydravions débarquent 150 hommes aussitôt renforcés : l'aérodrome est pris après de durs combats. La panique gagne l'état-major, l'administration, la population. Une division blindée et un corps d'armée motorisé attaquent alors : en cinq jours la résistance hollandaise est anéantie.

L'audace et la ruse des parachutistes

La même technique est utilisée en Belgique : le fort d'Eben-Emaël, par ses défenses modernes, est aussi redoutable que la ligne Maginot. Les planeurs du lieutenant Witzig débarquent un commando qui prend le fort par surprise. Les contre-attaques de l'infanterie belge échouent sous les bombardements de la *Luftwaffe.* Les parachutistes s'emparent de 2 ponts sur le canal Albert et préparent le passage d'une division blindée. Le canal est franchi le 10 mai vers 17 heures. La première ligne de défense des Belges vient d'être percée.

Les agents secrets français disent à Gamelin que les Allemands emploient partout des déguisements pour arriver à leurs fins. Aux Pays-Bas ils ont volé des uniformes de gendarmes. Leurs saboteurs ont ainsi surpris la confiance des postes de garde qui surveillaient les ponts. Une unité spéciale de saboteurs, le régiment de Brandebourg, a été formée dans la *Wehrmacht* par l'amiral Canaris, chef des services secrets. Pour traverser le Luxembourg, les commandos du lieutenant Hedderich ont été largués près de la capitale. Portant des imperméables et des combinaisons de mécaniciens, aidés par des civils, ils se sont emparés des ponts, des tunnels, des carrefours, pour ouvrir la route aux unités de la *Wehrmacht* qui foncent droit vers le sud pour prendre position en face de la ligne Maginot et s'opposer à toute remontée de l'armée française.

Gamelin peut croire que les Allemands sont partout, de la Hollande au Luxembourg. La presse française commente largement les attaques de parachutistes et l'action de la « 5e colonne » : ainsi désigne-t-on les espions et agents de l'ennemi qui travaillent derrière les lignes. Une certaine panique s'empare de la population française. Le ministre de la Défense, Daladier, est accablé de lettres qui demandent l'organi-

Le 12 mai, les Panzer se ruent vers la Meuse. C'est un véritable flot de chars, de camions et d'hommes qui traversent les Ardennes sur des dizaines de kilomètres. Le lendemain, ils attaquent à Sedan.

sation de « gardes civiques » et la mobilisation des possesseurs d'armes de chasse pour organiser des patrouilles et traquer les parachutistes. On croit en avoir vu dans la forêt de Villers-Cotterêts. Les Corses se font fort de mobiliser 30 000 civils pour faire des battues dans le maquis. Pourquoi ne pas utiliser, disent-ils, les 2 000 000 de fusils de chasse qui existent en France ? Daladier répond qu'il ne peut être question d'envoyer des chasseurs « contre des parachutistes armés de mitraillettes ». Il faut remarquer que cette agitation se développe en France du 10 au 13 mai, avant l'attaque des blindés sur Sedan. Les Allemands ont parfaitement réussi à créer la panique, à angoisser la population, avant même que le danger réel ne surgisse. Les Français n'ont plus une confiance absolue dans leur ligne Maginot. La prise du fort belge sur la Meuse indique que les parachutistes et les troupes spéciales peuvent venir à bout de n'importe quelle ligne fortifiée.

Autre élément d'angoisse pour la population : le bombardement des villes. L'aviation ennemie survole impunément Paris, qui n'a pas de défenses antiaériennes assez puissantes. Des raids de *Stuka* sont effectués sur Valenciennes, Nancy, Saint-Dizier, Laon, mais aussi Roanne, Saint-Étienne et Clermont-Ferrand. Les Belges, qui se présentent déjà en grand nombre, avec les Hollandais à la frontière du nord, racontent l'atroce bombardement de Tirlemont. Les trains sont pris d'assaut, la population luxembourgeoise est sur les routes, à commencer par la grande-duchesse Charlotte. L'exode, c'est-à-dire la fuite de la population devant l'avance allemande, commence, avant même que les Allemands n'aient attaqué en France.

Tous feux allumés dans les Ardennes

300 000 permissionnaires regagnent leurs unités, dans le plus grand désordre, en ce week-end de Pentecôte. Des ordres fusent, souvent contradictoires. On s'attend à des combats dans le Nord. Personne ne songe à une attaque dans les Ardennes. Pourtant, à Sedan, l'armée est en alerte.

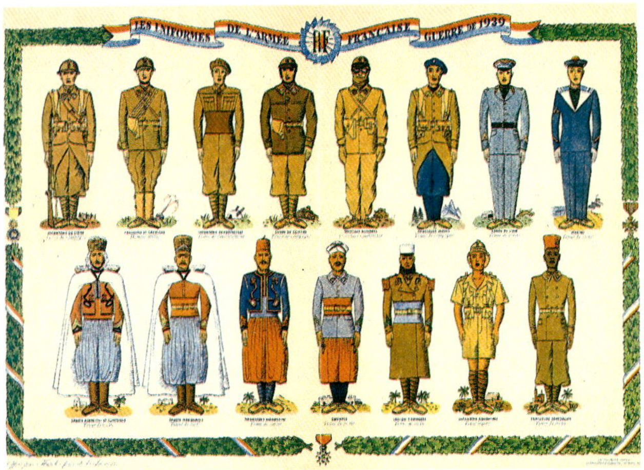

La marche des divisions blindées allemandes passe longtemps inaperçue. Chaque division s'étend pourtant sur 120 kilomètres de route et les véhicules circulent tous feux allumés. Les avions de reconnaissance alliés n'osent pas se montrer, parce que la *Luftwaffe* est maîtresse du ciel. L'état-major n'est donc pas averti de la progression des unités. Gamelin n'est pas surpris de la présence de *Panzer* en Belgique et en Hollande puisque, de son point de vue, l'attaque principale doit se dérouler en Belgique. Il ignore que la Ve armée de von Kluge a quitté ses camps d'entraînement proches de Bonn pour prendre la route du Luxembourg en direction de la Meuse. En tête de la 7e *Panzerdivision,* Erwin Rommel. Max von Hartlieb commande la 5e division, et tous les deux font route ensemble par des itinéraires savamment calculés.

Gamelin ignore complètement qu'une énorme masse de blindés commandés par Guderian, le théoricien allemand des chars, gagne la Meuse en direction de Sedan. 3 divisions blindées se faufilent au sud et deux au nord sur les routes sinueuses de l'Ardenne, avec 3 autres unités d'infanterie motorisée. Personne ne repère, au cours de sa marche de trois jours, le fer de lance de l'armée allemande qui s'apprête à enfoncer le dispositif du général Gamelin.

Guderian s'impatiente : la 1re *Panzerdivision,* qui ouvre la marche, a franchi le Luxembourg et atteint la frontière belge avec trois heures de retard. La 2e *Panzerdivision* marque le pas. C'est que les ponts ont sauté sur les petites rivières belges, qu'il faut les rétablir. La 10e *Panzerdivision,* plus au sud, gagne Arlon. Elle est aussi en retard. Pourtant aucune de ces unités n'a rencontré le moindre Français et l'état-major de Gamelin continue d'ignorer tout de leurs itinéraires.

Guderian mise sur la rapidité et la surprise. S'il se laisse arrêter par de petits obstacles, il perd tout le bénéfice de sa marche surprise. Quand il demande quel est l'obstacle à l'avance des divisions blindées, on lui répond qu'elles sont arrêtées constamment par les chasseurs ardennais.

En haut, à gauche, cette affichette représente les principaux uniformes de l'armée française en 1939. Remarquez ceux des chars de combat, des voitures blindées, et de la légion étrangère.

Ci-contre, char allemand SK 38 (t) sur une route de France en juin 1940. Après l'occupation de la Tchécoslovaquie, plusieurs divisions blindées allemandes furent équipées de chars tchèques Skoda. Ces matériels seront utilisés, avec les modifications, jusqu'à la fin de la guerre.

Cette troupe d'élite abat des arbres, constitue des barricades, tire par petits groupes contre les éléments avancés des *Panzer :* les motocyclistes avancent le doigt sur la détente de leurs pistolets-mitrailleurs. Le feu nourri des chasseurs belges donne l'impression qu'ils sont très nombreux. La division allemande s'arrête pour nettoyer le terrain : 100 kilomètres d'embouteillages, dix heures de retard. Les 1 800 chars du groupe Guderian sont handicapés par une poignée de courageux défenseurs, qui se déplacent sans cesse dans la forêt.

Au sud, le long de la frontière française, la 16e armée allemande a pris position tout contre la ligne Maginot sans être dérangée par la cavalerie française, trop lente dans son intervention.

Les Français comprennent trop tard

Gamelin expédie maintenant des cavaliers qui franchissent la Meuse pour repérer l'ennemi. Ils ne peuvent faire un rapport précis, parce qu'ils sont très vite arrêtés dans leur mouvement par les éléments avancés des *Panzerdivisionen.* Pendant ce temps, les plus belles unités françaises s'installent en Belgique, le long de la rivière Dyle, où elles trouvent des fortifications insuffisantes. Le général Giraud, aventuré en Hollande avec sa VIIe armée, doit reculer précipitamment après que les *Panzer* eurent franchi le canal Albert et pris le fort d'Eben-Emaël. La 4e *Panzerdivision* est déjà installée entre Maestricht et Tongres. Les Belges se replient devant elle, abandonnant leur ligne de défense. Pourra-t-on tenir sur la Dyle ?

Les Anglais avancent 3 divisions, entre Louvain et Wavre, pour soutenir des Belges en retraite et des Français du général Billotte. Les généraux Juin et Janssen, qui commandent chacun une division, sont décidés à en découdre sur le « charodrome » (on appelle ainsi le terrain plat de Belgique qui semble choisi tout exprès pour les combats de chars). On va s'expliquer enfin avec les blindés allemands que les avions de bombardement n'ont pu arrêter. La division du général Prioux arrête les chars de la 4e *Panzerdivision* à Crehen et dans la vallée de la Méhaigne. Les Français sont héroïques. Un escadron perd 11 chars sur 20 engagés. Le tir des canons antichars allemands est redoutable. Les Français ne peuvent poursuivre leur résistance, ils reçoivent l'ordre de se replier sur Gembloux. Ils n'en comprennent pas la raison. Ils ne peuvent savoir que l'ennemi vient de lancer son attaque plus au sud, vers Sedan, avec une grande masse de

Les troupes allemandes franchissent le canal Albert en Belgique à l'aide d'une tête de pont qu'ils viennent d'établir.

blindés. Il est clair désormais que l'assaut principal des armées d'Hitler aura lieu sur Sedan, et non en Belgique. Gamelin comprend trop tard son erreur.

Les *Panzer* poursuivent leur route vers l'ouest sans être inquiétés. Une force de deux divisions doit attaquer sur Dinant et Givet. La plus importante, plus au sud, emprunte les vallées profondes de l'Ardenne et se présente bientôt devant Bouillon, juste en face de Sedan. La IXe armée de Corap tient le front à Givet-Dinant. Des nids de mitrailleuses sont disposés le long du fleuve. L'artillerie lourde est prête. Sur 100 kilomètres, l'armée Corap borde la Meuse où les défenses sont discontinues, insuffisantes. Quelques nids de résistance, pas assez de barbelés ! Les troupes qui gardent la Meuse sont essentiellement des réservistes mal entraînés et mal commandés. L'aviation a été expédiée dans le nord de la Belgique. Quant aux canons antichars, ils font cruellement défaut dans les unités.

Les moyens de la IIe armée du général Huntziger, qui garde Sedan, sont encore plus faibles. Il veut renforcer la première ligne en faisant avancer, au dernier moment, des unités supplémentaires et ce mouvement est la source d'une grande confusion. Pourtant les troupes qui surveillent l'ennemi dans les blockhaus bétonnés ont un moral élevé : les soldats savent que les batteries lourdes de canons de 155 sont capables d'arrêter les chars. Quand la nuit tombe, le

Des voitures et des camions ont été abandonnés au bord des routes par les troupes françaises obligées de reculer devant l'ennemi.

Les Stuka accompagnent la marche des divisions de chars. On voit les derniers sur le dessin avancer ensemble à travers une plaine. Les avions bombardent les villages. Les maisons sont incendiées. Le ciel se couvre d'une épaisse fumée noire.

La grande bataille des Ardennes s'est jouée en quelques heures. Entre les deux armées françaises qui se sont repliées l'une au sud-ouest, l'autre au nord-ouest, les Panzer de Guderian s'engouffrent le 14 mai dans le vide ouvert devant elles. Hitler a attaqué exactement là où on ne l'attendait pas. On remarque au bas de la carte, au sud de Sedan, la ligne Maginot représentée par des pointillés. Les Allemands l'ont contournée.

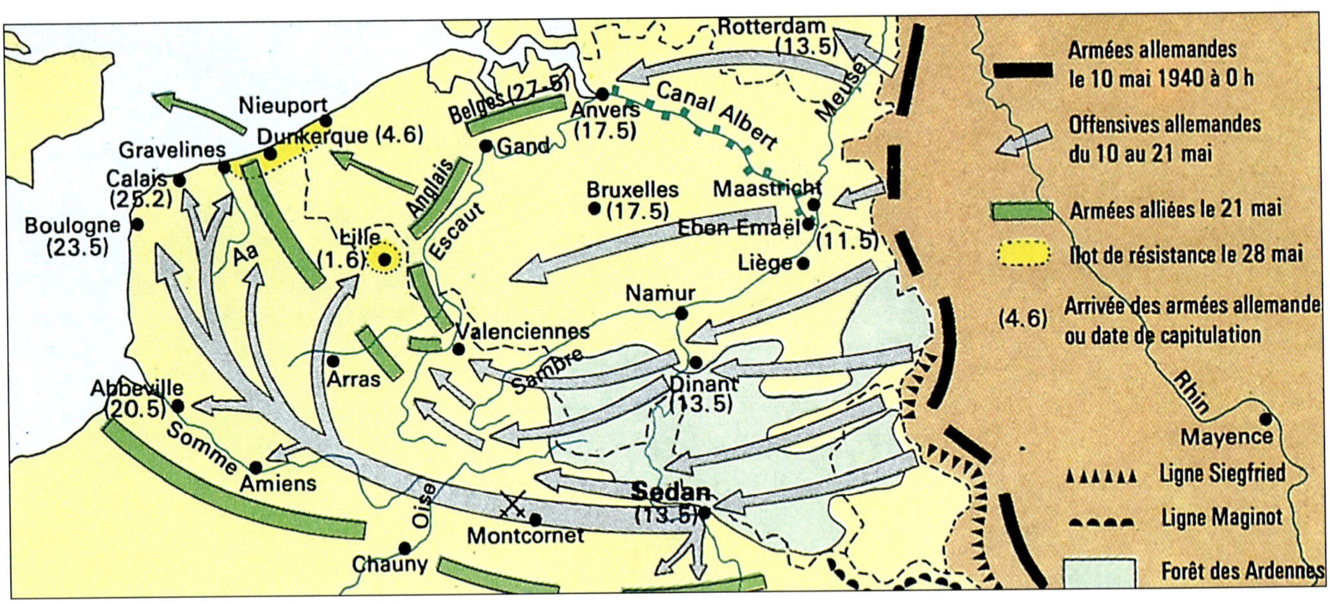

Pour ce soldat français la guerre est finie. Il quitte son char B1 bis et s'avance les bras levés vers deux fantassins allemands.

12 mai, l'ennemi s'est infiltré partout dans les bois au nord et à l'est de Sedan. La grande bataille va commencer. Huntzigcr a demandé le secours de la 3e division cuirassée cantonnée près de Reims. Si elle arrive à temps, on peut espérer repousser l'ennemi.

Les fantassins passent la Meuse

Au nord, le général allemand Rommel attaque en pleine nuit à Dinant. Il prend lui-même la tête d'un bataillon d'infanterie et réussit à franchir le fleuve malgré le feu très dense des Français, qui causent des pertes importantes aux assaillants. Mais d'autres unités ennemies traversent la Meuse. Les Français sont débordés, aveuglés par les fumigènes. Les canots pneumatiques vrombissent. Les mitrailleuses crépitent. Déjà les Allemands établissent des ponts pour faire passer les chars. Les Français, surpris par la violence de l'assaut, lancent une contre-attaque dans la nuit du 13 au 14 mai. Elle échoue, malgré le courage de certaines unités, comme le 66e régiment d'infanterie du colonel Boby ou le bataillon de dragons expédié sur place par le général Boucher. Rommel parvient à faire avancer ses chars sur l'autre rive, un bataillon de 15 *Panzer* qui vient renforcer les 2 régiments d'infanterie. La tête de pont tient bon.

Plus au sud, dans la même journée du 13 mai, les *Stuka* ont bombardé sans relâche les défenses françaises à hauteur de Monthermé, au confluent de la Meuse et de la Semoy. Les deux divisions de *Panzer* du général Reinhardt franchissent le fleuve en force, sans être vraiment inquiétées par la contre-attaque française qui dispose de moyens insuffisants.

Plus au sud encore, Sedan est le troisième point de passage des blindés. Le 13 mai, Guderian a décidé de porter en avant ses 3 divisions blindées, avec le concours du régiment d'élite *Gross Deutschland.* Contre lui, des divisions de réservistes mal armées, des batteries d'artillerie lourde vite neutralisées par les *Stuka.* Il a lui-même fait avancer 8 groupes d'artillerie pour anéantir le feu français : il dispose d'un canon lourd tous les 20 mètres !

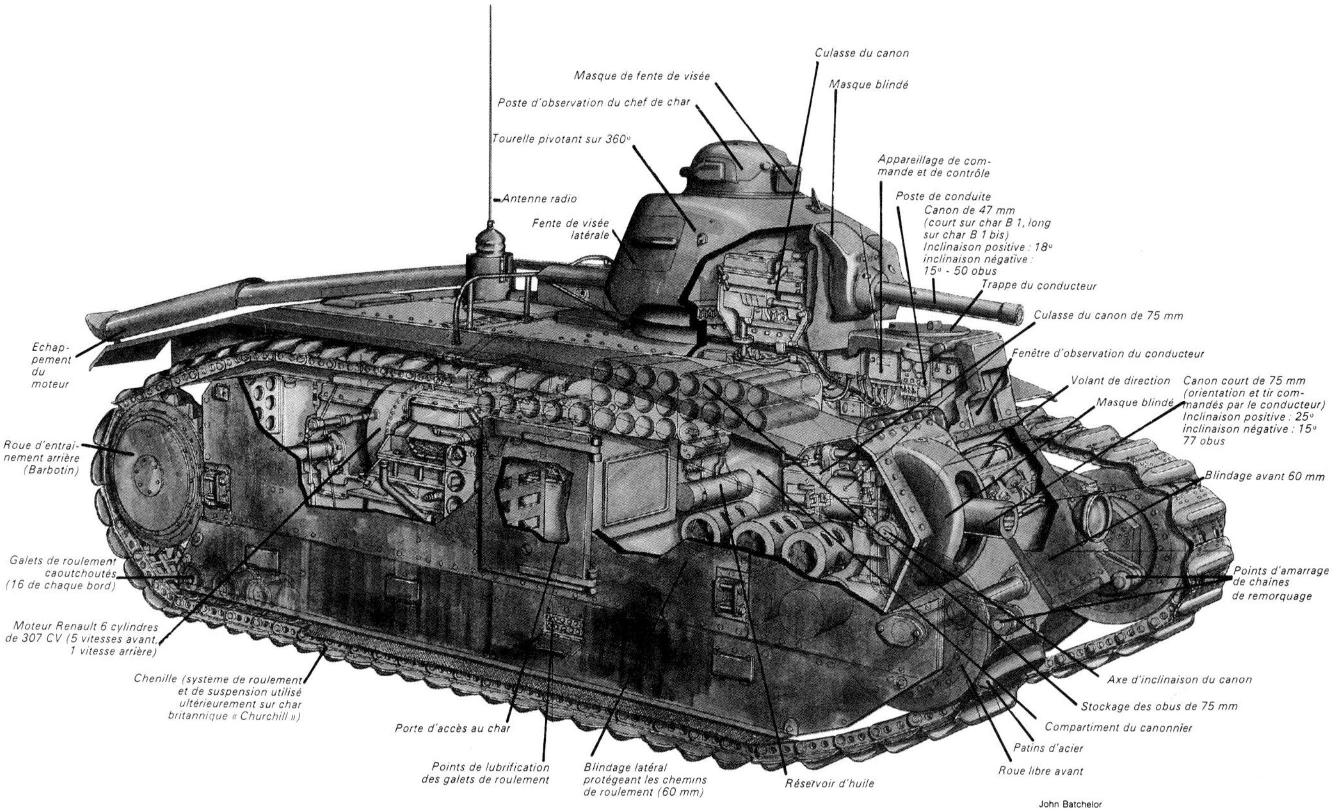

Chacune des trois divisions cuirassées françaises possède deux bataillons de chars B1 comme celui-ci. C'est le plus lourd et le mieux armé des chars français. L'engin a été conçu par le général Estienne. Il porte un canon de 75 mm et de nombreux points de visée et d'observation.

Les fantassins passent la Meuse en plusieurs points, sur canots pneumatiques. Les pertes sont sévères, mais les Allemands réussissent à enfoncer rapidement la position française sur 2 kilomètres. Les *Stuka* attaquent les blockhaus, aveuglant les défenseurs. Déjà les pontonniers lancent les bateaux qu'ils attachent les uns aux autres et recouvrent de madriers pour faire passer les chars. Les premières unités progressent sur la route de Vouziers. La panique se répand dans les lignes françaises. Des agents ennemis accroissent le désordre en annonçant partout l'arrivée des chars.

L'exode commence. De village en village la nouvelle se répand : les Allemands arrivent ! Dès le 10 mai les Belges, les Néerlandais, les Luxembourgeois avaient pris les routes du sud parce qu'il n'y avait plus de trains. En effet, les Allemands avaient détruit les voies ferrées. Les Belges du pays de Liège se ruaient vers la France. 100 000 Hollandais avaient franchi la frontière française. Sedan avait été évacué dès le 11 mai. La percée allemande accentuait la panique dans tout le nord de la France. La foule des réfugiés s'avançait à pied ou à cheval vers Rethel ou Sainte-Menehould, en direction de Reims. Toutes les campagnes se vidaient de leur population. Dans les villages, les autorités avaient disparu.

Les officiers des chars devaient dégainer leurs revolvers pour que leurs engins puissent s'avancer sur les routes encombrées de civils. Deux bataillons de chars contre-attaquaient le 14 mai sur le front de Sedan. Les *R 35* ne purent aller loin. Les Allemands avaient fait avancer des chasseurs de chars qui ouvrirent un feu efficace : 70 % des engins français étaient bientôt détruits ou endommagés. Devant la défaite des chars, les fantassins renonçaient à la contre-attaque.

Les avions piquent dans un bruit de sirène

Le général Huntziger demandait avec insistance le renfort des chars lourds de la 3e division cuirassée qui n'étaient toujours pas arrivés sur le front. Dans la nuit du 13 au 14 mai, les chars lourds français progressaient difficilement sur des routes défoncées par les bombes et encombrées d'obstacles. Une division d'infanterie mécanisée devait participer à l'action, mais elle était en retard. Les Allemands, qui avaient fait passer la Meuse à leurs blindés, se regroupaient pour foncer vers l'ouest, vers la mer. Ils avaient parfaitement aperçu le mouvement de la 3e division cuirassée française qui risquait de les prendre de flanc. Mais Guderian avait décidé de poursuivre l'avance vers l'ouest, sans s'occuper des tanks français. Le régiment *Gross Deutschland* devait suffire à les contenir. Il s'accrochait autour de Stonne, avec le renfort de quelques chars de la 10e *Panzerdivision.*

Quand les Français arrivent, les Allemands demandent aussitôt l'intervention des *Stuka*. Les escadrilles surgissent, les avions piquent dans un bruit de sirène, lâchant leurs bombes avec précision. Les chars se mettent à l'abri des arbres pour se camoufler. Les tankistes accablés par la chaleur ouvrent les tourelles et voient défiler sur la route les fuyards désarmés de l'armée de Sedan, en particulier les artilleurs. Les tankistes indignés culbutent les véhicules des paniquards et poursuivent leur avance. Un ordre arrive de l'état-major : la division doit arrêter son attaque et disperser ses chars dans les unités d'infanterie pour établir des bouchons sur les routes. Les ordres sont d'empêcher les Allemands de progresser vers le sud. Ordres absurdes : c'est vers l'ouest que se ruent les divisions blindées !

Les populations s'enfuient à l'approche des Allemands. On voit sur cette photo une famille quitter sa maison après avoir entassé sur une charrette tout ce qu'il était possible d'emporter, des meubles, des couvertures, des vêtements. En quelques jours, Lille passe de 200 000 à 20 000 habitants !

Sur les routes du Nord et de l'Est, on retrouve partout le même spectacle. En charrette, à vélo et, le plus souvent, à pied, (comme cette vieille femme au premier plan). *Si les villes du Nord se vident , celles du Sud se remplissent. Ainsi, Brive, ville de 30 000 habitants, accueille-t-elle 70 000 réfugiés.*

Un coup de faux

1 000 avions allemands tournoient sans relâche dans le ciel de Sedan. Les Alliés lancent une importante opération de bombardement des ponts, avec 150 bombardiers et 250 chasseurs. 67 *Blenheim* de la *Royal Air Force* détruisent 3 ponts de bateaux, aussitôt reconstruits. La DCA extrêmement dense abat 35 appareils britanniques. Les *Amiot* français subissent également de lourdes pertes. Le soir du 14, Guderian dispose d'une tête de pont de 25 kilomètres de long et de 15 de profondeur. Il n'a plus de contre-attaque française à redouter : la 3e division cuirassée vient d'être dispersée.

Plus au nord, Rommel et von Hartlieb ont également réussi leur traversée. Ils s'avancent résolument vers l'ouest et bousculent les défenseurs français quelquefois héroïques. La ligne de la Meuse est abandonnée. Une contre-attaque de la division d'Afrique du Nord (la 4e et de la 1re division cuirassée du général Bruneau est alors organisée : les chars de Bruneau sont débarqués par chemin de fer entre Charleroi et Fleurus. Ils avancent vers Dinant, dans une marée de réfugiés. Un tank *B1* fonce droit sur un *Panzer* et l'éperonne de toute la puissance de son moteur. 58 chars français sont détruits dans ce combat acharné qui réussit à retarder Rommel. Mais celui-ci perce en direction de Philippeville. La charge héroïque de la division cuirassée française n'a pu contenir la ruée allemande.

Toutes les divisions blindées allemandes ont franchi la Meuse malgré des points de résistance française où les hommes luttent jusqu'au sacrifice de leur vie. La brèche est ouverte entre l'armée Corap, la IXe et la IIe commandée à Sedan par Huntziger. L'état-major français veut réunir une armée de réserve pour contenir l'ennemi. Elle sera commandée par le général

Les bombardements ont réduit Dunkerque à un vaste champ de ruines, lors de l'entrée des troupes allemandes le 4 juin 1940. La plage de Dunkerque couverte de cadavres et de véhicules abandonnés. Les Français et les Anglais ont réussi à rembarquer 350 000 hommes mais ont dû laisser sur place le matériel.

Touchon, rassemblée dans la région de Montcornet, et disposera d'une 4e division cuirassée confiée à Charles de Gaulle. Touchon doit attendre trop longtemps l'arrivée de ses troupes. Pour tenter d'arrêter Guderian à Signy-l'Abbaye, il ne dispose que des troupes fatiguées de Corap. Le 15 mai, on apprend que ce général est remplacé par Giraud, qui abandonne dans le Nord sa VIIe armée. À cette date, Rommel, Guderian et Reinhardt se préparent à effectuer leur jonction dans la région de Montcornet, la percée allemande est faite.

Elle met en question les troupes alliées aventurées en Belgique.

Vous avez compris maintenant la grande manœuvre des Allemands : ils ont attiré les meilleures unités françaises et anglaises vers le nord, en Belgique. Pendant ce temps, des divisions blindées ennemies sont descendues vers le sud, par les Ardennes ; au lieu de continuer vers Paris, elles vont se rabattre vers la mer, dans le dos des Franco-Anglais qui seront ainsi encerclés. Regardez la carte (page 28). C'est comme un coup de faux.

La résistance hollandaise avait cessé le 15 mai. Pendant que les Hollandais discutaient des conditions d'un armistice (c'est-à-dire d'un arrêt des combats), les *Stuka* avaient piqué sur *Rotterdam* faisant 800 morts et de très nombreux blessés en quelques minutes. La fin de la résistance hollandaise libérait des troupes allemandes pour l'attaque décisive en Belgique. Ils s'apprêtaient à percer la ligne française de Gembloux, avec un appui massif de l'aviation. Il était trop tard : au matin du 16 les Français avaient décampé.

En fin de journée, le 15 mai, les Allemands avaient dépassé Montcornet. Seule leur 1re division blindée était en retard : elle avait été durement accrochée sur la Vence, à La Horgne, par la résistance désespérée de la 3e brigade de spahis. Les Allemands ignoraient que les Français disposaient encore d'une division cuirassée, la 4e commandée par de Gaulle. Faute de radio les chars manœuvraient au fanion, et de Gaulle avait dû organiser les liaisons par motocyclistes et voitures légères *Simca.* De Gaulle, sans plus attendre et malgré l'absence d'un soutien d'aviation et d'une infanterie habituée à attaquer avec les chars, décida de pousser tout de suite son unité sur Montcornet, où les divisions allemandes venaient de faire leur liaison. Attaqués par les *Stuka,* mal ravitaillés en essence, éprouvant de lourdes pertes (dont celle du commandant Bescond qui avait mené l'assaut), les Français durent renoncer. L'avance allemande vers l'ouest n'avait pas été retardée. Le lendemain, 18 mai, de Gaulle attaquait encore pour empêcher l'avance des *Panzer* sur l'Oise. « Allons, messieurs, de la tenue ! » disait-il à ses officiers qui courbaient instinctivement la tête sous les bombardements des *Stuka.* Les chars français étaient de nouveau repoussés par les tirs précis des canons allemands de 88 et par les avions d'assaut. La 4e division cuirassée devait faire retraite en passant l'Aisne, pendant que ses chasseurs portés retardaient l'avance de l'ennemi en se sacrifiant.

La route de Paris est ouverte

Le 17 mai le président du Conseil français, Paul Reynaud, appelle le Premier ministre anglais, Winston Churchill.

— La route de Paris est ouverte, lui dit-il, la bataille est perdue.

— Où sont les réserves ? demande Churchill.

— Il n'y en a pas, répond le généralissime Gamelin.

Gamelin est remplacé par le général Weygand (73 ans). Le maréchal Pétain (84 ans) entre au gouvernement. Les grands chefs de la guerre précédente sont appelés aux responsabilités pour rassurer la nation. Ce jour-là, les *Panzer* sont aux portes d'Abbeville et d'Arras. N'est-il pas trop tard ?

« C'est en se battant, en attaquant comme des chiens qu'on viendra à bout des Panzer, qui doivent être à bout de souffle... » Général Weygand.

Alors que le gouvernement se demande déjà si la sagesse n'est pas de connaître tout de suite les conditions allemandes d'armistice, on attend l'arrivée à Paris de Weygand, qui était délégué général du gouvernement en Syrie et au Liban. Son retour est très difficile : un avion *Glenn Martin* devait le conduire de Beyrouth à Paris d'un seul bond. Il doit s'arrêter en Libye en raison d'un vent contraire, et faire le plein d'essence. L'avion atterrit dans la nuit du 18 au 19 à Tunis. De là, il repart pour la France. Au-dessus d'Étampes son train d'atterrissage est défaillant, il se pose sur le ventre. On doit dévisser le capot de la tourelle supérieure pour sortir de ce mauvais pas le généralissime français.

Son plan est simple : il veut que les troupes encerclées en Belgique attaquent vers le sud pendant qu'une nouvelle armée réunie sur la Somme par le général Frère poussera vers le nord. Si la liaison est réussie, les blindés allemands aventurés vers l'ouest seront à leur tour isolés et encerclés.

Il est impensable pour Weygand de gagner le nord en voiture. La percée allemande rend le trajet impossible. Il pourrait se rendre en avion à Lille, mais les routes de Belgique sont encombrées par une masse de réfugiés. Toutes les populations du nord-ouest de l'Europe, terrorisées par les bombardements aériens, tentent de fuir vers le sud. Plusieurs millions d'hommes, de femmes, d'enfants sont ainsi sur les routes. Quand les Allemands prennent Abbeville, la retraite vers le sud est impossible : les réfugiés tournent en rond, cherchant une issue, comme des animaux dans une cage géante. Les armées ont le plus grand mal à se frayer un chemin. Lille ne compte plus que 20 000 habitants sur 200 000. Les Lillois sont partis !

Weygand part en avion du Bourget le 20 mai 1940. Le pilote lui désigne les obus qui entourent rapidement l'appareil :

— Je les vois, lui dit-il, exaspéré, il faut bien qu'ils passent quelque part !

Il atterrit près de Béthune. Pas un téléphone ne marche. Il reprend l'avion pour atterrir à Calais. Une voiture le conduit à Ypres, où l'attend le roi des Belges. Les généraux français et britanniques ne sont pas au rendez-vous : le Français Billotte qui commandait le groupe d'armées du Nord se tue peu après en voiture sur la route. Weygand a la conviction que les Anglais ne veulent pas exécuter le plan qu'il a prévu, qu'ils ont seulement l'intention de se replier vers les ports du Nord pour évacuer leur armée. Quant aux Belges, ils ne peuvent plus se battre, le roi promet pourtant de tenir sur l'Yser, à grand-peine. De retour à Paris, Weygand rencontre Churchill et réussit à le convaincre. Le Premier anglais téléphone à son général pour lui demander de livrer la bataille que Weygand a prévue.

Un duel de chars

Les Allemands n'attendent pas : quand les routes sont encombrées, ils font passer les chars à travers champs, ils bombardent les civils pour qu'ils dégagent les grands itinéraires. La 7e *Panzerdivision* de Rommel est devant Cambrai, avec la 5e et une division de SS. La progression se poursuit vers les ports. Les Anglais décident de réagir immédiatement, sans attendre les Français, pour protéger leur réembarquement. Guderian prenant Abbeville a coupé les voies de ravitaillement de l'armée anglaise, qui viennent du Havre et de Dieppe. Lord Gort, qui commande l'armée britannique, lance deux divisions dans la bataille, avec l'appui de chars français. Un duel de chars s'engage devant Arras, avec plus de 140 engins franco-anglais. Rommel y fait face, en transformant ses canons antiaériens en antichars. 36 engins alliés sont détruits en peu de temps. Mais les Allemands subissent aussi de lourdes pertes. Les Français lancent leur attaque quand les Anglais se sont déjà retirés. Devant Cambrai l'infanterie mécanisée est attaquée sans relâche par des vagues de 40 bombardiers allemands. Dans la nuit du 23 au 24, les Anglais abandonnent Arras et font retraite vers le nord, vers Dunkerque.

C'est le seul port disponible, depuis que les *Panzer* ont envahi les rues de Calais et de Boulogne. L'amirauté commence à rassembler des petites embarcations à Dunkerque. Il faut faire vite : les Allemands

En mai 1940, l'obstacle de la Meuse ne ralentit nulle part l'avance allemande. La surprise fut à nouveau si grande qu'elle accrédita la légende en vertu de laquelle les ponts n'auraient pas sauté. En fait, à une ou deux exceptions près, ils sautèrent tous, notamment à Sedan. Une autre légende veut que les Allemands aient utilisé de puissantes embarcations d'assaut. Ils se servirent de quelques moteurs de hors-bord, mais leur moyen standard fut le radeau pneumatique propulsé à l'aviron.

En août 1940, les troupes allemandes défilent à cheval près de l'Arc-de-Triomphe. L'ennemi occupe la capitale depuis le 14 juin. La ville s'est vidée d'une grande partie de ses habitants, mais ceux-ci commencent à revenir. Le couvre-feu est de rigueur chaque nuit.

ont franchi l'Escaut le 28 mai, l'armée belge capitule. Heureusement que les Allemands ont arrêté leur progression à 15 kilomètres de Dunkerque, sur ordre d'Hitler. Il veut que la *Luftwaffe* et l'infanterie liquident la poche de Dunkerque sans y engager ses blindés, fatigués par de longues journées de marche et de combats. L'opération *Dynamo* lancée par les Anglais permet d'évacuer à Dunkerque, sous le feu et les bombes de l'ennemi, 200 000 Anglais et 130 000 Français et Belges. Tout le matériel des armées est perdu. Les 40 000 défenseurs français de Dunkerque ont rendu possible la réussite de l'opération. L'aviation allemande n'a rien pu empêcher. La *Royal Air Force* avait engagé ses chasseurs. 180 d'entre eux furent abattus, mais ils avaient éliminé de très nombreux bombardiers de Göring. Les Allemands n'avaient réussi à couler que 6 contre-torpilleurs français et 9 anglais. La bataille de Dunkerque était gagnée.

L'aviation française avait fait des prouesses au cours de la campagne, abattant 773 avions allemands alors que la DCA en détruisait 120. Mais les pertes françaises étaient lourdes : 382 chasseurs détruits au 1er juin ; 338 seulement pouvaient reprendre l'air. 40 % des officiers, 20 % des sous-officiers et aviateurs devaient être tués ou blessés. La France allait perdre 500 pilotes dont certains étaient des « as » comme le lieutenant Pommier Mayragues qui abattait le 5 juin l'« as » allemand Werner Mölders, ou le lieutenant Marin la Meslée, le capitaine Audemard d'Alençon, tué au combat le 6 juin, le lieutenant Hirschauer et tant d'autres. Les Anglais avaient perdu 250 *Hurricane* dans le ciel de France, sans compter les bombardiers, du 8 au 18 mai. 519 chasseurs avaient été appelés en renfort. L'Angleterre ne pouvait faire plus sans compromettre sa sécurité.

Paris occupé, l'armistice signé

Weygand conservait, pour livrer la dernière bataille, un millier de chars et 49 divisions, contre 130 allemandes. On se battait pour l'honneur. Les Alliés ne pouvaient gagner.

Pourtant l'armée s'enterrait, comme en 1914, sur les rives de la Somme et de l'Aisne, et le moral des combattants s'était amélioré. Ayant confiance dans les nouveaux chefs, ils étaient prêts à en découdre, à sauver l'honneur. Le raid allemand sur Paris le 3 juin

Hitler a imposé aux Français de négocier l'armistice dans le même wagon à Rethondes, en forêt de Compiègne, où en 1918 l'Allemagne avait dû reconnaitre sa défaite. Le Führer savoure sa revanche en marchant d'un pas joyeux. La photo montre les négociateurs allemands au moment de grimper dans le wagon, où les Français arriveront peu après.

(300 bombardiers et *Stuka*) déchaîne la colère des habitants. On attend un miracle, comme la bataille de la Marne en 1914. Le 5 juin, Weygand a demandé aux troupes de tenir « sans esprit de recul ». Les soldats de Narvik, les Polonais, les dernières unités d'Afrique du Nord ont été envoyés au front.

De fait, l'armée résiste pied à pied aux offensives allemandes. Le 6 juin, on tient les tranchées comme en 1917. Mais les Allemands engagent contre l'armée du général Frère à partir de Péronne plusieurs divisions blindées. À l'ouest, Rommel franchit la Somme et fonce sur la Normandie, évitant les villages et les routes, forçant le passage à travers champs. Le 6 juin Weygand envoie un message de félicitations aux troupes : pas une unité n'a fui.

Le 7, les Allemands percent le front au centre, sur la ligne Soissons-Rethel. Les blindés se précipitent vers la frontière suisse pour encercler la ligne Maginot. 500 000 hommes se trouvent ainsi pris dans une gigantesque poche. Le 9 juin, il est clair que rien ne peut arrêter la ruée allemande. Weygand en avertit le gouvernement. Celui-ci a quitté Paris et s'est replié dans un des châteaux de la Loire. Le 14, Paris est envahi. Les Allemands défilent sur les Champs-Élysées dans une ville déserte, abandonnée par une partie de ses habitants qui essayent de passer les ponts de la Loire. Ils sont 2 000 000 sur les routes de l'exode. Le 17, les blindés allemands sont à Bourges, à Dijon. Le sacrifice des cadres de l'École de cavalerie de Saumur ne les empêche pas de franchir la Loire. L'armée doit-elle capituler ? Weygand s'y oppose au nom de l'honneur. Paul Reynaud, qui ne veut pas demander l'armistice, démissionne ; le maréchal Pétain, devenu chef du gouvernement, s'en charge le 17. Il affirme qu'il faut « cesser le combat ». Du micro de la BBC à Londres, le général de Gaulle répond : il faut au contraire le poursuivre ; la France n'a perdu qu'une bataille, et non la guerre.

Les hommes se battent avec rage contre l'envahisseur. Mais 2 000 000 d'entre eux ont déposé les armes. Dans la seule journée du 18 juin, on compte 1 000 morts dans les armées encerclées du nord-est. Les Polonais chargent au cri de « pour Varsovie », à la baïonnette. Les Sénégalais se font tuer devant Chartres. Certains prennent le maquis dans les Vosges. Ceux de la ligne Maginot refusent obstinément de se rendre. Mais l'armistice est signé le 22 avec les Allemands, le 24 avec les Italiens de Mussolini qui sont entrés dans la guerre au dernier moment et n'ont nullement réussi à franchir les Alpes. Le 24 au soir, la France retrouve la paix. L'humiliation commence.

L'ANGLETERRE SEULE DANS LA GUERRE

egsmarine

L'ANGLETERRE SEULE DANS LA GUERRE

Seule dans la guerre contre Hitler, l'Angleterre est décidée à résister jusqu'au bout. Winston Churchill *(que l'on voit en haut à gauche sur le grand dessin de la page précédente),* mobilise son pays avec une volonté indomptable. Hitler veut abattre l'Angleterre. Il va lancer contre elle ses bombardiers et ses chasseurs, ses Messerschmidt 110 à partir de la France, de la Hollande, de la Belgique et de la Norvège. Le Führer *(à gauche, au premier plan)* étudie avec ses généraux une carte de la Grande-Bretagne. Au-dessus du groupe, en uniforme de l'aviation, le maréchal Goering. C'est lui qui commande l'aviation allemande. Il a promis à Hitler de vaincre en quinze jours. Il compte débarquer facilement sur les côtes anglaises. Il dispose de sous-marins puissants, *(comme celui qui est au premier plan à droite sur le dessin).* Mais, de son côté, l'Angleterre bénéficie d'une marine, la Royal Navy, qui est la première du monde. Churchill fait construire des avions en grand nombre. La Royal Air Force est capable de tenir tête à l'aviation de Goering. On voit *(au milieu du dessin)* un bombardier allemand attaqué par un Spitfire et prenant feu. Le 15 août 1940, irrité de ne pas venir à bout de l'Angleterre, Goering lance contre elle quatre vagues de bombardiers. Londres subit des attaques incessantes. Les habitants se réfugient sous terre, dans les caves et le métro. Malgré cela, Hitler ne parvient pas à vaincre l'Angleterre, En octobre 1940, il doit renoncer à débarquer sur l'île.

Weygand ne croyait pas à la capacité de résistance de l'Angleterre. Elle n'avait plus d'armée blindée, plus de matériel de guerre, et son aviation avait été décimée pendant la campagne de France. Il ne lui restait plus qu'un effectif limité de chasseurs et sa flotte de guerre.

C'était compter sans la détermination du Premier ministre, Winston Churchill, et sans le courage de la nation. Du 22 juin 1940 jusqu'au 22 juin 1941, pendant un an jour pour jour, l'Angleterre résiste, seule au monde, aux attaques des hitlériens et des Italiens. Elle réussit à soutenir cet immense effort.

La France ne peut lui être que d'un faible secours : elle n'est pas en mesure de résister aux Allemands. Les clauses de l'armistice sont draconiennes : le pays est partagé en 4 zones : celle du sud (les 2/5 du pays) est dite « libre », sous le gouvernement du maréchal Pétain qui s'installe à Vichy. Celle du nord est « occupée » par la *Wehrmacht* qui installe ses garnisons et commence à utiliser les installations portuaires de la côte ouest (occupée jusqu'à l'Espagne) contre l'Angleterre. Les bases sous-marines et les aérodromes sont installés, ainsi que les canons à longue portée, dans le Pas-de-Calais. Une zone dite « interdite » compte les départements du nord et du nord-est. On ne peut y pénétrer, la zone est verrouillée par une frontière et l'administration allemande y dicte ses règlements aux civils. Enfin une quatrième zone, non prévue par l'armistice, englobe l'Alsace et une partie de la Lorraine. Les Allemands annexent purement et simplement ces départements qui doivent subir les lois du Reich, y compris bientôt l'incorporation des Alsaciens et des Lorrains dans l'armée allemande.

Cependant, l'armistice a laissé à la France sa flotte et son empire, c'est-à-dire ses colonies, notamment l'Afrique du Nord. Mais les Français ont livré leur aviation, ainsi que leurs armes lourdes. Ils ne disposent plus sur le territoire de l'État français que de 100 000 hommes, plus 120 000 pour maintenir l'ordre aux colonies. Les Italiens occupent la côte méditerranéenne. Les prisonniers (près de 2 000 000) restent aux mains d'Hitler, ils sont quasiment des otages. Très vite, les Allemands disposent les escadrilles de bombardiers et de chasseurs de la *Luftwaffe* sur les aérodromes des côtes françaises de la Manche et de la

Un groupe de marins allemands arme le canon de défense côtière de l'artillerie navale.

Un avion de la Royal Air Force vient de s'écraser et de prendre feu. C'est une scène courante en Angleterre entre le mois d'août et le mois d'octobre 1940 où l'aviation anglaise est prise sous les attaques incessantes de la Luftwaffe.

mer du Nord, en Belgique et en Hollande. Certaines unités sont basées en Norvège. Ils préparent une opération aérienne massive pour obliger l'Angleterre terrorisée à accepter la paix d'Hitler.

Opération « lion de mer »

Les aérodromes sont camouflés, difficilement repérables. Chaque avion a son hangar individuel démontable, recouvert de plaques d'herbe. Des sacs de sable protègent les appareils contre les éclats de bombes. Des rangées d'avions sont parfois dissimulées sous des arbres. Göring dispose de 3 flottes aériennes qu'il va lancer au-dessus de l'Angleterre, Kesselring commande la plus importante, basée en Belgique et dans le nord de la France : avec la flotte de Sperrle, qui a aussi ses aérodromes en France, elle totalise 875 bombardiers, 316 *Stuka,* 929 chasseurs. Il faut ajouter la IIIe flotte de 123 bombardiers et 34 *Messerschmitt 110* entièrement basée en Norvège et au Danemark, plus éloignée de ses objectifs. Göring a juré à Hitler de mettre l'Angleterre à genoux en quinze jours.

Pourtant les Allemands avaient travaillé, à la demande d'Hitler, à la préparation d'un débarquement, l'opération *Seelöwe* (lion de mer). Hitler était convaincu qu'avec 39 divisions, dont 6 blindées, 3 motorisées et 2 aéroportées, on viendrait facilement à

Hermann Goering (1893-1946). Goering est en grand uniforme de commandant en chef de la Luftwaffe. Il est l'aviateur allemand le plus décoré depuis ses exploits durant la Première Guerre mondiale. Fidèle à Hitler depuis toujours, il est son successeur désigné.

bout de la résistance anglaise. Churchill n'avait ni chars ni armée. Si l'on prenait pied sur le sol anglais, on gagnait la guerre.

Le 15 août, tout devait être prêt. Treize divisions d'élite avaient déjà pris position sur les bords de la Manche. Les six premières divisions devaient débarquer entre Ramsgate et Bexhill. La première vague

Un avion de chasse allemand survole les côtes anglaises, à la recherche des convois britanniques qui circulent près des falaises. La Luftwaffe ne cesse de patrouiller jour et nuit dans ces parages. Finalement, l'Angleterre arrêtera toute circulation de ses navires.

Un terrain d'atterrissage anglais vient d'être bombardé par les allemands. On voit sur la photo la fumée des incendies qui se déclenchent dans les bâtiments, tandis que les pilotes tentent de protéger leurs appareils. La Luftwaffe réussit de cette manière à détruire au sol beaucoup d'avions anglais.

aurait 90 000 combattants. 170 000 hommes suivraient dans les trois jours. Comment embarquer ces soldats ? Les Allemands rassemblaient dans les ports des péniches que les avions anglais attaquaient à la bombe. Ceux-ci posaient à la sortie des ports des mines magnétiques. Malgré les saisies de navires en France et en Belgique, les Allemands ne disposaient pas du tonnage suffisant. Leur flotte n'osait quitter ses bases pour affronter la *Royal Navy.* L'Amirauté anglaise, même si elle avait perdu le porte-avions *Courageous* au large de l'Irlande, avait réussi à interdire la mer du Nord aux navires de guerre allemands. Les seuls atouts des Allemands étaient les sous-marins et les avions *Condor,* quadrimoteurs à long rayon d'action. Ces armes offensives ne suffisaient pas pour un débarquement. La *Royal Navy* avait les moyens de repousser toute invasion. Hitler avait fini par convenir que le succès de l'opération *Seelöwe* dépendait entièrement de la victoire obtenue par la *Luftwaffe* de Göring : si les avions allemands avaient la maîtrise absolue de l'air, s'ils pouvaient détruire la chasse anglaise, tout devenait réalisable.

Du 10 juillet au 15 août 1940, Göring a commencé ses attaques contre les navires de commerce et les ports britanniques. Il a coulé des navires marchands, mais n'a pas réussi à provoquer l'envol de la chasse anglaise. Les *Hurricane* et les *Spitfire* sont restés cachés dans leurs aérodromes camouflés. Ils n'ont pas été démasqués. Quand ils ont pris l'air, c'est pour abattre par petits paquets les bombardiers allemands lents, longs et lourds, les *Heinkel* et les *Dornier,* qu'ils ont entrepris de grignoter. Göring s'est irrité de ces pertes constantes. Il voulait frapper un grand coup.

Les 13 et 14 août, Göring a préparé son offensive en bombardant les aérodromes. Il néglige d'attaquer systématiquement, faute d'informations, les radars qui pourtant permettent aux Anglais de repérer sur 100 kilomètres tout avion ennemi, et d'intervenir à coup sûr. Les Anglais ont deviné et peuvent dérégler le système allemand de guidage des bombardiers en vol. Göring ne sait pas encore que les Britanniques ont acquis une avance électronique décisive. Il l'apprendra à ses dépens. Au cours du raid du 14 août, il a perdu 47 bombardiers ; la défense anglaise est manifestement efficace. Göring garde l'espoir.

180 pilotes par semaine !

Le 15 août, quatre vagues successives de bombardiers à croix noire s'envolent pour l'Angleterre. Leur objectif ? Les villes industrielles et les aérodromes du Sud-Est. Les *Heinkel* et les *Dornier* doivent agir sans accompagnement efficace de la chasse : en effet, les *Messerschmitt 109* ne peuvent tenir l'air que quatre-vingt-dix minutes. L'as allemand Galland raconte qu'il comptait une demi-heure pour atteindre la côte anglaise. Il lui restait vingt minutes environ pour le combat aérien. C'était trop peu. Les flottes de bombardement étaient livrées aux assauts des chasseurs de la RAF, qui, eux, opéraient sur leur territoire.

Les bombardiers volent à 4 000 mètres et convergent vers Douvres par vagues de 30 à 50. Des hydravions à croix rouge patrouillent au-dessus de la mer, prêts à recueillir les aviateurs perdus. À Croydon, les usines d'aviation sont en flammes, les aérodromes atteints. Mais 75 bombardiers sont très rapidement éliminés, contre 34 chasseurs britanniques. Pour Göring, c'est un échec.

Il engage une flotte sur la région industrielle de la Tyne. Les bombardiers ont décollé des terrains de Scandinavie, ils sont lourdement chargés. Les radars britanniques ont signalé leur approche. 7 escadrilles de chasseurs ont immédiatement pris l'air pour les intercepter. 30 avions sur 100 sont abattus. On ne reverra plus jamais la flotte de Norvège au-dessus de l'Angleterre. La chasse anglaise a pratiquement interdit aux escadres allemandes le bombardement de jour. Désormais Göring estime qu'il doit agir de nuit pour éviter des pertes trop lourdes. La première manche de la bataille d'Angleterre est à l'avantage du major Dowding, responsable de la chasse anglaise.

La DCA très nombreuse a contribué au succès : en particulier les canons à tir rapide *Bofor.* Dowding a éprouvé des pertes sévères pendant la bataille de France (400 appareils), mais il a pu reconstituer ses escadrilles grâce à la mobilisation industrielle du pays. Deux ingénieurs de génie avaient créé les modèles de chasseurs qui devaient remporter la victoire : Sydney Camm, le *Hurricane,* et Reginald Mitchell, le *Spitfire.* Au 1er juillet 1940, 750 000 ouvriers et ouvrières étaient affectés aux usines d'aviation. Rien qu'en juillet 1940, la production de chasseurs avait été multipliée par 2,5 : les pertes de la bataille étaient largement compensées.

En revanche, on avait du mal à trouver des pilotes : Dowding en avait environ 1 400. Un mois plus tard, ils n'étaient plus que 840. Chaque semaine 180 étaient descendus et les écoles ne pouvaient en fournir que 260 par mois. On engagea tous les pilotes

Cette vue est prise depuis un bombardier allemand au-dessus de Londres. L'équipage a devant lui la ville en feu, incendiée par les bombes. Imagine-t-il les centaines de milliers de Londoniens entassés dans les abris ?

étrangers que l'on put trouver dans Londres : des Français libres, des Tchèques et des Polonais réfugiés, des Belges et des Hollandais.

Les résultats obtenus par la chasse anglaise avaient attiré l'attention des experts allemands qui avaient analysé le système d'envol des chasseurs : on devait bombarder par priorité, conclurent-ils, les aérodromes et les stations de radar, si l'on voulait gagner la bataille, au lieu de chercher à détruire des zones industrielles. Mais les attaques contre les aérodromes échouent. Un seul, celui de Manston, est vraiment détruit. Les 17 autres restent en service bien qu'ils soient endommagés. Le 16, le 17 et le 18 août, Göring s'obstine, il continue d'envoyer ses escadrilles. En deux semaines, 167 bombardiers allemands sont détruits. Les Anglais ont perdu 94 pilotes, mais ils restent maîtres du ciel. À partir du 24 août, Göring fait pilonner les aérodromes et les stations de radar par 1 000 bombardiers. Il commence à obtenir des résultats. Les pertes en bombardiers diminuent et plusieurs terrains d'envol sont gravement touchés.

Berlin bombardé

Au cours du raid du 24 août, une dizaine d'appareils lâchent leurs bombes sur la ville de Londres. Elles tombent au hasard, causant d'importants dégâts. Les pilotes n'avaient pas reçu d'ordres. Les navigateurs se sont-ils trompés d'objectif ? A-t-on largué les bombes pour alléger les appareils menacés par la chasse ? Dès la nuit suivante, le commandement britannique envoie 80 bombardiers lourds au-dessus de Berlin : l'ère des représailles commence.

Les Berlinois sont frappés de stupeur : Göring leur avait assuré qu'ils pouvaient dormir sur leurs deux oreilles : jamais un avion anglais ne pourrait pénétrer dans le ciel de Berlin. Les lourds *Wellington* avaient lâché des tracts anti-hitlériens en rase-mottes. Ils avaient renouvelé leur exploit le 28 août : 10 morts, 29 blessés. Des maisons s'étaient effondrées sous les bombes de 100 kilos.

« Les aviateurs anglais sont des criminels », explique le docteur Goebbels, ministre d'Hitler, dans la presse allemande. Il se garde bien de rappeler les raids

Churchill (que l'on voit ici au premier plan à droite à la tête du groupe) *visite le quartier populaire de l'est de Londres, durement touché par des vagues de 200 à 300 bombardiers allemands, qui durent parfois des nuits entières. En quatre mois, Londres reçoit 100 000 bombes explosives et plus d'un million de bombes incendiaires.*

terroristes accomplis par la *Luftwaffe* sur Londres. Le 30 août les bombardiers sont de retour. Ils attaquent les usines de matériel électrique Siemens. Le 4 septembre, Hitler dénonce dans un long discours ces « pirates nocturnes de l'air ». Il annonce la politique des représailles : « Ils déclarent qu'ils multiplient leurs attaques sur nos villes. Eh bien ! nous raserons les leurs ! »

Le 7 septembre, Hitler et Göring annoncent le début d'une série de raids sur l'Angleterre pour se venger des bombardements de l'Allemagne. En renforçant ses escortes de chasseurs, Göring a fini par obtenir des résultats. Dans la seule journée du 31 août, 39 chasseurs anglais ont été abattus par les *Messerschmitt,* soit 300 pour le mois. Mais la décision de lancer des raids de représailles implique l'abandon de la politique efficace qui venait d'être suivie. On ne cherche plus à détruire les radars, à pilonner les terrains d'aviation. On veut seulement écraser Londres. Cette décision sauve probablement les escadrilles du major Dowding.

Pendant 75 nuits...

Les Anglais ne dorment plus, ils passent leurs nuits dans les abris inconfortables et humides. Quand ils remontent chez eux, après l'alerte, leurs maisons sont détruites. Ils sont des milliers de sinistrés dont le gouvernement se préoccupe immédiatement : Churchill fait voter une loi pour qu'ils soient indemnisés très rapidement et intégralement. Cela ne leur donne pas un logis.

Pourtant la population résiste avec courage au *Blitz* (ainsi appelle-t-on la période de bombardements aériens continus par l'aviation allemande sur Londres) et se serre autour de son Premier ministre qui visite fréquemment les quartiers sinistrés. Quand ils reconnaissent sa voiture, les gens s'approchent et l'acclament :

Entassés, les habitants de Londres trouvent refuge la nuit dans les stations de métro lors des alertes. Ils dorment sur le quai les uns contre les autres, tout habillés et roulés dans des couvertures.

— Rendez-leur la pareille, lui dit-on. À leur tour, maintenant !

Les avions bombardent de nuit, à haute altitude en des raids quasiment quotidiens, puis plus espacés, du début de septembre à la mi-novembre. À Londres, les docks, le centre, le quartier populaire de l'East-End brûlent sans interruption, la première nuit, de 8 heures du soir à 5 heures du matin. Les Allemands ne perdent qu'une quarantaine de bombardiers sur 1 000 engagés. Les Anglais doublent leurs pièces de DCA qui tirent en barrage sans interruption, jusqu'à épuisement des munitions. Pendant 75 nuits, les bombardiers reviennent, déversent des tonnes de bombes explosives et incendiaires. Dans la nuit du 10 au 11 septembre, Churchill grimpe dans l'immeuble des Imperial Chemicals au bord de la Tamise. Il dénombre douze foyers d'incendie sur la rive sud. Les Londoniens passent leurs nuits sous terre.

Dans les caves sont installés cabarets et restaurants, qui restent très fréquentés. Le 14 octobre Picadilly est en flammes, ainsi que Saint James Street, la grande rue commerçante de la capitale. Le Carlton Club est réduit en cendres. Les membres du club, qui lisaient leur journal, se dégagent eux-mêmes en rampant dans les plâtras. Un grand tunnel du métro accueille chaque nuit 6 000 à 7 000 sinistrés du quartier populaire de Pekham. On occupe toutes les bouches de métro, toutes les caves. Des volontaires se présentent pour désamorcer les bombes à retardement, qui font des ravages parmi les équipes de secouristes. Les gens les plus inattendus se livrent à ce sport périlleux : le comte de Suffolk, par exemple, qui travaille en équipe avec sa secrétaire et son chauffeur. Ils réussissent à désamorcer 34 bombes : la 35e saute entre leurs mains.

Il faut lutter contre les bombes incendiaires et les pompiers de Londres n'y suffisent pas. On demande des volontaires, ils se présentent en foule dans le *Home Service.* Un système de guet est organisé sur les toits pour attirer immédiatement les secours, dès que

Un groupe de Messerschmitt déverse des bombes explosives sur Londres. On voit (au premier plan sur le dessin) *autour de Saint Paul's Cathedral les bâtiments officiels sous le feu des bombardiers. D'août à décembre 1940, les bombardements auront fait 23 000 morts en Angleterre dont 14 000 à Londres, ce qui est relativement peu. C'est que les Anglais ont bien utilisé les abris antiaériens.*

l'explosion d'une bombe est signalée. Les femmes participent à ces missions de surveillance. Les toits sont en permanence occupés par ces guetteurs.

Les dégâts sont impressionnants. Les immeubles détruits sont très nombreux, et le gouvernement a du mal à loger les sinistrés. On compte 60 000 victimes civiles... Loin de miner le moral de la population, les raids hitlériens décuplent le patriotisme des Anglais qui se surprennent à haïr les « Huns » comme en 1914. Ils se sont juré de tenir jusqu'à la fin. Churchill n'a pas besoin de leur expliquer que le monde entier a les yeux fixés sur leur courage.

En octobre 1940, Göring a perdu 300 bombardiers. Il décide d'affecter le reste de sa flotte aux attaques contre des objectifs industriels. Birmingham et ses aciéries, Liverpool et Plymouth mais surtout Coventry sont bombardés. Le *Blitz* est alors terminé même si Londres subit encore quelques gros bombardements en décembre. La *Royal Air Force* a détruit 1 733 avions ennemis et perdu 900 chasseurs. Churchill a gagné la bataille d'Angleterre. N'ayant pas la maîtrise du ciel, les Allemands ont renoncé à débarquer.

Churchill redoutait beaucoup cette opération. Il savait qu'il n'avait à opposer à l'invasion éventuelle que peu de troupes.

— Je n'ai rien d'autre à offrir, avait-il dit aux Britanniques le 13 mai, que du sang, du travail, des larmes et de la sueur.

Légumes et mitrailleuses sur les terrains de golf

Le nombre des mobilisés, depuis le début de la guerre, était passé de 500 000 à 2 500 000. Une loi de juin 1940 avait décrété la mobilisation obligatoire des Anglais et des Anglaises dans les usines. 2 000 000 de

Ses radars et sa DCA permettent à l'Angleterre de tenir tête à Hitler, qui ne s'attendait pas à cette riposte.

Le bombardier allemand Heinkell « He 11 » est un des appareils les plus employés au cours de la bataille d'Angleterre. Ce bombardier peut transporter 2 tonnes et voler à une vitesse de 400 km/heure.

travailleurs supplémentaires allaient ainsi fabriquer des avions, des canons et des chars. Churchill répondait à sa manière au défi d'Hitler. Mais, dans l'immédiat, où trouver des troupes pour faire face à la menace d'invasion ?

Churchill demande l'envoi en Grande-Bretagne de troupes de Palestine. On lui répond qu'il ne faut pas dégarnir ce théâtre d'opérations en raison des conflits entre juifs et Arabes, et des menées allemandes en Orient. 200 000 hommes venus de France ont été récupérés à Douvres, mis au repos, immédiatement affectés aux centres d'entraînement. Les Anglais n'ont qu'une division blindée qu'ils doivent compléter. Ils forment une 2e division cuirassée, qui n'a pas de chars. L'armée ne peut aligner que 7 brigades et 14 divisions territoriales bien instruites, mais insuffisamment armées. Une division canadienne est sur place, on en attend une seconde, ainsi qu'une unité australienne. (Ne l'oubliez pas, la Grande-Bretagne va disposer en effet de soldats de ce que l'on appelle le « Commonwealth » : Australie, Canada, Nouvelle-Zélande principalement.)

Churchill s'indigne de l'inexistence des défenses côtières. Il exige que l'on édifie sur les plages « une carapace d'ouvrages », que l'on construise aux carrefours des casemates bétonnées, que l'on défonce les terrains de golf et les parcs pour y nicher des mitrailleuses. La 3e division de Montgomery se fait un plaisir de mettre ainsi en état de défense la région de Brighton. Toute la population est associée à cet effort. Les troupes se mettent en place pour garder les côtes, et les autobus londoniens les transportent aux points les plus menacés. Les armes manquent pour armer les civils volontaires. Churchill en demande d'urgence à Roosevelt, le président américain. Celui-ci fait faire une enquête : on lui assure que 500 000 fusils de 1918, soigneusement conservés dans la graisse, peuvent encore servir. On les charge sur des cargos qui accostent en Grande-Bretagne à la fin de juillet. Les Américains ont aussi retiré de la graisse 900 canons de 75 qu'ils avaient achetés aux Français, avec 1 000 000 d'obus. Grâce à cette aide inespérée, la *Home Guard* dispose de 2 000 000 de combattants armés que l'on entreprend d'instruire. Churchill a l'idée de former des troupes spéciales, équipées de motocyclettes et de voitures blindées pour lutter contre les chars. Il les appelle « léopards » : ces futurs commandos doivent être entraînés à l'action rapide contre les parachutistes. On prévoit aussi le développement d'armes individuelles antichars.

Pourquoi ne pas incorporer les étrangers présents en Angleterre, qui ne demandent qu'à reprendre le

Un sous-marin allemand. En juillet 1940, l'Allemagne lance ses sous-marins contre les cargos anglais. Les destructions sont terribles. Churchill appelle au secours les États-Unis pour obtenir de vieux destroyers pour escorter les bateaux.

combat ? Les Polonais venus de France sont presque immédiatement recrutés. Le général de Gaulle s'efforce d'engager dans les forces alliées les 13 600 marins, les 7 430 militaires qui se trouvent en Grande-Bretagne. Mais certains repartiront en France pour y être démobilisés. On encourage, parmi eux, les réengagements. Mais cette politique est compromise par les effets désastreux de l'opération *Catapult*, réalisée par la *Royal Navy* contre la flotte française à Mers el-Kébir, en Algérie, le 3 juillet 1940. Ce jour-là les navires anglais ont attaqué les navires français qui s'étaient pourtant engagés à rester neutres. Il y a eu 1 200 Français tués.

Les Anglais savent qu'ils doivent compter essentiellement sur eux-mêmes. Encore peuvent-ils solliciter l'aide matérielle des États-Unis. Churchill s'y emploie personnellement auprès du président Roosevelt. Il lui demande de lui livrer une quarantaine de vieux destroyers américains, pour garder les voies de l'Atlantique Nord. La marine britannique, en prévision du débarquement allemand, a dû en effet concentrer ses efforts sur la Manche. Churchill vient de gagner la bataille d'Angleterre. Gagnera-t-il aussi celle de l'Atlantique contre les sous-marins allemands de l'amiral Dönitz ?

La « meute de loups »

Les sous-marins allemands ont la partie belle en juillet 1940 : les cargos anglais ne sont pratiquement plus accompagnés de bateaux de guerre. Des centaines de milliers de tonnes de navires sont envoyées par le fond. Churchill implore Roosevelt et l'assure qu'il se battra contre Hitler jusqu'au bout. S'il le faut, il passera au Canada pour continuer la lutte, si la Grande-Bretagne est envahie. Mais Roosevelt, en pleine campagne électorale, a promis à ses électeurs de ne pas entrer dans la guerre. Churchill doit lui proposer de lui céder des bases aux Bermudes et à Terre-Neuve pour qu'il consente à demander au Congrès la permission de livrer les vieux destroyers, dont les Anglais ont le plus urgent besoin. Ils ne peuvent continuer à payer les fournitures militaires que leur vendent les Américains s'ils n'ont pas les moyens de les transporter en Grande-Bretagne en toute sécurité.

Churchill réclame des armes pour 10 divisions et 12 000 avions. Le 29 octobre, Roosevelt se décide enfin à dire à ses concitoyens, dans une causerie « au coin du feu » à la radio, qu'il compte aider l'Angleterre. Certes, il n'a pas l'intention d'entrer en guerre, mais il ne veut pas laisser écraser par Hitler la démocratie d'outre-Atlantique : cela ferait peser, dit-il, un « danger mortel » sur la libre Amérique. Il propose de prêter immédiatement aux Anglais (c'est la « loi prêt-bail » du 11 mars 1941) tout le matériel dont ils ont besoin, et qu'il s'engage à leur fournir. Roosevelt prête « son tuyau d'arrosage » à son voisin européen pour lui permettre d'éteindre le feu chez lui. Rien de plus.

Pourtant les sous-marins continuent leurs destructions. Les « as » sous-mariniers allemands, les Prien, les Schepke, les Kretschmer multiplient les exploits.

Quand ils rentrent à Lorient, c'est pour afficher des communiqués de victoire. Le 25 août Schepke a coulé à lui tout seul 5 navires en trois heures. Avec leurs 57 sous-marins en activité, les Allemands font des ravages : le 2 septembre, un sous-marin envoie par le fond le *City of Benares* qui évacuait vers les États-Unis des enfants de Grande-Bretagne. 77 meurent en mer et toute la presse américaine commente le triste événement. Un « as » de Lorient coule 11 navires représentant 100 000 tonnes de ravitaillement américain pour la Grande-Bretagne. En octobre, Kretschmer coule 80 000 tonnes de navires d'un grand convoi qu'il a attaqué, par surprise, vers le milieu de l'Océan, là où la protection alliée est la plus faible. Plusieurs sous-marins réunis par l'amiral Dönitz en « meute de loups » anéantissent un convoi chargé de matériel de guerre américain. On estime à 4 000 000 de tonnes les navires marchands alliés coulés par les sous-marins allemands en 1940.

Churchill n'a plus de bateaux pour remplacer les pertes. Il demande aux arsenaux américains de l'aide. Il sollicite aussi la protection de la flotte de guerre américaine pour accompagner les convois sur la partie la plus occidentale de l'océan Atlantique. Le président Roosevelt peut-il aller jusque-là sans sortir de sa neutralité ?

Il envoie à Londres son ami Hopkins. Churchill

La Royal Navy reste la première marine du monde. Voici le Renow *au premier plan et à l'arrière le* Hood, *deux des puissants cuirassés anglais. Le* Hood *participera à l'opération de Mers el-Kébir contre les Français.*

le fait inviter partout, même dans la maison de campagne des Premiers ministres anglais, les *Chequers,* où l'Américain a tellement froid qu'il n'enlève jamais son pardessus, même dans la salle de bains, « seule pièce, dit Churchill, où l'influence du chauffage central fût sensible ». Le Premier ministre doit donner l'exemple des économies d'énergie. Hopkins a dans sa poche, à son voyage de retour, la demande des Anglais : des navires marchands, dix destroyers, des avions équipés pour la guerre anti-sous-marine. Ils ont fait des progrès dans le repérage radar mais leur manquent les avions à grand rayon d'action, capables de lancer des grenades sur les sous-marins en volant au ras des flots. Ces avions, les *Liberator,* sont construits par les Américains en trop faibles quantités.

Hopkins est un homme chaleureux qui rassure Churchill. Avant peu, lui fait-il comprendre, l'Angleterre ne sera plus seule dans la guerre. Les États-Unis y entreront à leur tour. Il faut patienter. Le président Roosevelt se prépare. Mais il hésite encore à lancer les destroyers américains dans la bataille de l'Atlantique et les Anglais doivent lutter seuls pendant l'hiver 1940-1941.

La bataille pour la mer

Les Anglais donnent la priorité aux armes et au matériel de guerre dans les convois, ils diminuent les importations de vivres, établissent le rationnement. Il faut des tickets pour avoir du sucre et de la viande. Seuls le pain blanc et les légumes restent libres. Même le thé est rationné. On donne à la radio des recettes de plats au chou, aux carottes, aux rutabagas : ces légumes poussent désormais sur les terrains de golf. Les œufs au bacon ont disparu dans les hôtels où l'on élève, comme partout en ville, des poules et des lapins. La discipline des Anglais est remarquable. Ils ignorent pratiquement le marché noir.

On démobilise 40 000 soldats pour les affecter en priorité aux chantiers de réparation de navires. Rien n'est plus important pour l'Angleterre que la liberté

des mers. La bataille n'est pas seulement en Europe : Londres doit ravitailler en matériel de guerre ses troupes d'Égypte et du Moyen-Orient, en empruntant la longue route du cap de Bonne-Espérance et l'océan Indien. Sans l'aide des États-Unis, elle ne pourrait poursuivre la guerre. Les plus grands efforts sont consentis pour maintenir ouverte la route maritime de l'Atlantique.

On place sur le pont des navires de commerce des catapultes qui projettent avec force dans les airs des avions *Hurricane* chaque fois qu'une attaque de sous-marins nécessite un repérage aérien. L'amiral Percy Noble, qui commande les forces anglaises dans la bataille de l'Atlantique, installe son poste de commandement face à l'ouest, à Liverpool. Il s'est juré de chasser les sous-marins allemands de l'Atlantique et entraîne durement ses équipages pour qu'ils apprennent à naviguer ensemble, comme des joueurs de football sur un terrain. Les résultats sont spectaculaires : les escorteurs de Percy Noble coulent l'*U47* de Prien, l'as allemand des sous-marins, l'*U70* de Matz et l'*U99* du capitaine Kretschmer. Pendant deux mois les journaux allemands n'osent parler de la disparition de leurs « as » célèbres dans tout le Reich. Le 19 mars, l'amiral Dönitz ne dispose plus que de 5 sous-marins dans l'Atlantique Nord. En utilisant largement les moyens aériens, Percy Noble a gagné la bataille.

L'Amirauté anglaise a également purgé les mers de la flotte de surface allemande : les cuirassés rapides étaient dangereux. Le cuirassé de poche *Scheer* avait coulé 100 000 tonnes de navires dans l'Atlantique Sud.

A gauche : *l'alerte vient d'être donnée. Tandis qu'un mécanicien part à vélo vers son appareil, les pilotes courent à leurs avions, des Hawker « Hurricane ». Moins rapides et moins armés que les Messerschmitt Me 109 allemands, ces appareils étaient très efficaces contre les Stuka et les bombardiers.*

Ci-dessous, *un Heinkel He 111 allemand vient d'être dépassé par un Spitfire de la RAF, au-dessus de la Manche. L'appareil anglais est en mauvaise posture car il s'offre au tir du mitrailleur allemand.*

En février, les cuirassés *Gneisenau* et *Scharnhorst* avaient contourné l'Islande et envoyé de nombreux cargos par le fond avant de rejoindre Brest où ils étaient enfermés. Le 20 mai, le cuirassé *Bismarck,* orgueil d'Hitler, est pris en chasse par le *Prince of Wales* et le croiseur *Hood.* Le *Bismarck,* accompagné du *Prinz Eugen,* se débarrasse d'abord de ses poursuivants, coulant le *Hood.* Mais il est attaqué par les avions torpilleurs du porte-avions *Ark Royal* et achevé le 27 mai par les navires de poursuite. Quand il annonce cette victoire éclatante, Churchill est acclamé à la Chambre des communes.

Naissance de la « France libre »

Londres devient le refuge de tous les ennemis d'Hitler dont les pays viennent d'être envahis. Les premiers arrivés sont les Tchèques, qui s'installent à Londres dès 1938. Le président Beneš y a trouvé refuge avec sa famille ; 3 000 Tchèques sont engagés dans les forces britanniques, et notamment dans l'aviation. Les Polonais avaient d'abord installé leur gouvernement en exil à Paris, autour du général Sikorski. Ils sont passés à Londres et 20 000 des leurs gardent en armes les côtes anglaises en prévision d'un débarquement allemand. Si le roi des Belges est resté à Bruxelles, son gouvernement est passé à Londres. La reine Wilhelmine des Pays-Bas préside les conseils de son gouvernement sur les bords de la Tamise, pendant que 1 500 combattants néerlandais portent l'uniforme anglais. Le roi de Norvège Haakon réside dans son ambassade et les marins de la flotte de commerce norvégienne, une des plus importantes du monde, ont rejoint Londres, ainsi que 15 000 soldats. On peut reconnaître dans les docks le pavillon danois. Les navires du roi de Danemark veulent aussi poursuivre la guerre aux côtés des Anglais.

Les Belges et les Français sont moins nombreux. La plupart des soldats français qui, en avril 1940, étaient venus de Norvège et des marins relâchant dans les ports anglais ont rejoint la France à cause de l'opération de Mers el-Kébir qui a rendu l'Angleterre impopulaire dans les unités. Les officiers de marine ralliant de Gaulle sont rares : Muselier, Thierry d'Argenlieu, les commandants de sous-marins Cabanier et Drogou. Mais d'autres vont le rejoindre, comme le lieutenant de vaisseau d'Estienne d'Orves ou le capitaine de corvette Philippe Auboyneau.

Spontanément, les pêcheurs de l'île de Sein, sur la côte bretonne, ont pris la mer pour fuir l'occupation allemande. Ils se sont mis à la disposition du Général. Les équipages de la marine marchande sont également gaullistes. Rares sont les officiers de l'armée de terre.

On reconnaît pourtant dans les rues de Londres des capitaines et des lieutenants en uniformes français. Leurs noms seront très vite illustres : Leclerc de Hauteclocque, Magrin-Verneret (Monclar), Kœnig, Dewavrin (le futur colonel Passy, chef des services de renseignements de Londres). On reconnaît aussi l'élève officier Christian Fouchet et le lieutenant Hettier de Boislambert.

Bientôt les recrues sont plus nombreuses, et de plus haut grade : le général Catroux, qui rentre d'Indochine, fait savoir qu'il est gaulliste. Il veut continuer le combat, comme le général Legentilhomme, en poste à Djibouti, ou le colonel de Larminat qui s'est évadé des prisons vichystes de Syrie pour rejoindre l'armée anglaise au Caire. Maurice Schumann, son officier de liaison, s'est embarqué le 30 juin à Saint-Jean-de-Luz sur un bateau polonais. Il est aussitôt affecté au service d'Information et ne tarde pas à devenir le journaliste le plus populaire en France, car il parle au micro de la BBC, qui développe tous les jours des programmes en français.

Deux civils entourent et conseillent de Gaulle : un homme d'affaires breton, René Pleven, qui connaît bien le monde anglo-saxon, un professeur de droit,

Deux habitants de l'île de Sein rallient l'Angleterre à bord de leur bateau de pêche. L'île de Sein fut nommée « compagnon de la Libération » par le général de Gaulle car tous ses hommes quittèrent l'île pour rallier la France libre dès 1940.

Au quartier général de Carlton Garden, le général de Gaulle s'entretient avec l'amiral Muselier, un des premiers à avoir rallié la France libre. Malheureusement, les deux hommes ne s'entendent pas et se sépareront en 1942.

Sur la carlingue d'un avion, à Douala, un aviateur peint la croix de Lorraine, symbole de la France libre dont l'idée fut suggérée par l'amiral Muselier.

René Cassin. Dès le 23 juin, ils sont présents aux côtés du Général dans le Comité national français provisoire que Churchill vient de reconnaître.

Ces premiers Français libres sont des errants, qui déménagent sans cesse dans Londres et manquent cruellement de ressources. Ils finissent par avoir un quartier général permanent à Carlton House Gardens. De Gaulle comprend très vite qu'il lui manque une base territoriale, où il puisse lever des soldats et des subsides. Il reçoit tous les jours de l'Empire, aux quatre coins du monde, des lettres de ralliement. Les Français du bout du monde constituent des comités au Caire, en Argentine, au Mexique, où Jacques Soustelle, jeune archéologue, fait connaître son adhésion, comme le professeur Dupront à Bucarest ou Jacques de Siéyès à New York.

Dès juillet 1940, des ralliements se sont manifestés sur les territoires : les Nouvelles-Hébrides ont hissé le 20 le drapeau à croix de Lorraine des Français libres. Le 2 septembre 1940, on apprend que la Polynésie est gaulliste. Un plébiscite est organisé à Papeete et Moorea qui donne le pouvoir à de Gaulle. Le 20 septembre, la Nouvelle-Calédonie se rallie : le Général peut sans risque envisager un voyage dans les territoires français d'Océanie. Il sait qu'il y est attendu. Aussitôt, les gaullistes y lèvent un bataillon du Pacifique pour participer à la bataille.

Churchill perçoit immédiatement l'intérêt de ces ralliements, qui devraient permettre à l'Angleterre de contrôler les territoires d'Afrique, indispensables à la sécurité de la route maritime du cap de Bonne-Espérance. Aussi est-il prêt à aider de Gaulle dans sa tentative de reconquête. S'il le faut, il envisage une opération de débarquement en Afrique noire et en Afrique du Nord. Sans doute n'en a-t-il pas encore les moyens. Mais le ralliement des gaullistes lui donne cet espoir.

Ayant gagné la bataille de Londres et celle de l'Atlantique, l'Angleterre, seule dans la guerre, apprend le 22 juin 1941 une nouvelle décisive, saluée dans Piccadilly par des cris de joie : Hitler vient d'envahir la Russie.

LA RUÉE VERS L'EST

ЗА САТАЛИНА
5

LA RUÉE VERS L'EST

Hitler attaque la Russie le 22 juin 1941 sans lui avoir déclaré la guerre. La Luftwaffe détruit l'aviation soviétique. Puis c'est la ruée des Panzer. Le dessin précédent montre l'invasion par les blindés allemands. Staline est surpris par l'attaque. Son armée n'est pas prête. Les troupes allemandes foncent sur Moscou, puis se dirigent vers le sud du pays, pour s'y emparer du pétrole et du blé. Après avoir mis la main sur l'Ukraine et la Crimée le Führer décide de marcher sur Moscou. Le général Joukov, à côté de Staline, organise personnellement la défense de la capitale. On se bat dans la neige et la glace. L'armée allemande finit par s'enliser. Toute la population de Moscou participe activement à la guerre, comme en témoigne le dessin : des soldats allemands sortent d'une tranchée, les mains levées, et sont faits prisonniers. Hitler doit renoncer à prendre Moscou. Ses troupes subissent l'enfer de l'hiver russe. A Leningrad, le siège de la ville va durer 900 jours et faire 600 000 morts. Au printemps 1942, Hitler repasse à l'attaque, vers le Caucase pour s'approvisionner en pétrole. Il a confié l'offensive au général Paulus (*en haut à gauche*). Celui-ci se laisse encercler à Stalingrad où ses troupes meurent de faim. Après plusieurs mois, Paulus se rend avec 90 000 hommes le 2 février 1943. C'est le tournant de la guerre à l'Est.

Le 22 juin 1941 à 2 heures du matin, un train venu d'Ukraine entre en gare de Brest-Litovsk, ayant franchi la rivière Bug. C'est le dernier envoi de blé de Staline à Hitler. Une heure plus tard, le canon tonne. Les obus allemands tombent sur la forteresse qui défend la ville. Une fois de plus, Hitler attaque sans déclarer la guerre.

Première étape : la destruction de l'aviation rouge. Plus de 66 aérodromes sont attaqués avant l'aube, 800 avions détruits au sol. Ceux qui peuvent décoller sont immédiatement pris en chasse : 400 sont ainsi détruits. Il ne reste presque plus d'avions russes. La *Luftwaffe* est maîtresse du ciel.

Deuxième étape : les unités spéciales s'emparent des points de passage des fleuves et des frontières. Comme en Hollande, comme en France, les saboteurs du régiment de Brandebourg font merveille. Depuis plusieurs semaines, ils s'infiltraient, habillés en civils, derrière les lignes. On avait démasqué 16 Allemands déguisés en soldats soviétiques. Tous les ponts sur le Bug sont pris intacts. Quant aux gardes-frontières soviétiques qui annonçaient depuis longtemps les concentrations de troupes allemandes, ils résistent vaillamment mais doivent céder au nombre et à la puissance de feu des assaillants.

Troisième étape : la ruée des blindés. Les généraux commandant des groupes de *Panzer* appliquent la tactique des grands encerclements qui leur a si bien réussi en Pologne et dans la bataille des Flandres. Ils foncent de toute la vitesse de leurs chenilles dans trois directions : au nord, le groupe von Leeb doit prendre Leningrad, encercler toutes les unités soviétiques du Nord. Au centre, le groupe von Bock s'avance dans la steppe ukrainienne, la plus riche terre à blé du monde. L'objectif est la route de Smolensk à Moscou. Le troisième groupe, dirigé par von Rundstedt, a Kiev et l'Ukraine comme buts. Du nord au sud, les Allemands alignent 19 *Panzerdivisionen* dont les chars sont marqués de la lettre G en blanc sur la tourelle, pour être reconnus des avions : G comme Guderian. 124 divisions d'infanterie suivent les chars. Les Allemands ne sont pas seuls en ligne : ils ont armé 15 divisions de Finlandais, 19 divisions de Hongrois et 20 de Roumains. Avec 3 000 avions et 35 000 chars, Hitler se croit le maître du jeu. Les 3 groupes d'armées qui avancent à travers la plaine russe doivent faire leur

22 juin 1941. L'artillerie d'assaut allemande vient de passer la rivière Bug. Équipé de chenilles, l'engin peut franchir tous les terrains. Cette nouvelle arme sera particulièrement utile en Russie pour faire face aux nombreux obstacles.

jonction loin vers l'intérieur, encerclant des centaines de milliers de combattants.

Staline ne croit pas son espion

Pour Hitler l'objectif majeur n'est pas de prendre Moscou, mais de prendre au piège toutes les unités du Nord, grâce à la jonction du groupe von Leeb et du groupe von Rundstedt. La vraie priorité est d'anéantir le maximum de grandes unités soviétiques dès le début de la bataille. La prise des villes n'a jamais été un objectif pour la « guerre éclair ».

La première partie de l'invasion a parfaitement réussi : les victoires allemandes du début de la campagne peuvent s'expliquer facilement : les 19 *Panzerdivisionen* et les 124 divisions d'infanterie d'Hitler n'ont contre elles, en première ligne, que 56 divisions pour soutenir le choc des chars d'assaut sur une profondeur de 50 kilomètres. Les Allemands sont supérieurs de 4 à 5 fois sur la ligne de bataille. Au centre, Hitler avance avec 16 divisions contre 7. Au nord, avec 34 divisions contre 18 divisions soviétiques... Staline n'a pas massé ses troupes à la frontière parce qu'il voulait éviter toute provocation.

Il a pourtant été averti, de plusieurs sources, de l'imminence de l'attaque allemande : le plan *Barbarossa* d'invasion de la Russie a été mis en route par Hitler longtemps auparavant. Hitler, dès le 29 juillet 1940, a déclaré à son Grand État-Major qu'il se proposait d'attaquer la Russie au plus tard au printemps de 1941. Depuis six mois, il a donné des ordres très précis, recommandant de traiter les villages russes envahis avec « un manque total de pitié ». Les cadres politiques, et en particulier les commissaires, doivent être immédiatement exécutés. Tous les officiers nazis savent qu'Hitler envisage à l'est une guerre d'extermination et que les SS de Himmler ont reçu l'ordre d'en finir définitivement avec le communisme, d'éliminer

Joseph Staline (1879-1953) est le maître de la Russie depuis 1922. Il a éliminé un à un ses rivaux en les faisant fusiller et imposé une dictature féroce. Pour mettre en pratique ses plans agricoles et industriels, il a fait déporter des millions de Russes. En août 1939, il s'allie à Hitler avant d'être attaqué par celui-ci. Aidé par les Américains, Staline participera à la victoire aux côtés des Alliés en 1945.

les juifs de Russie et de faire des Russes, « sans fausse pitié », les esclaves de l'Allemagne.

Les avertissements extérieurs ne troublent pas Staline qui ne veut pas voir l'imminence du danger. Il vient de s'entendre, en avril 1941, avec le ministre des Affaires étrangères japonais, Matsuoka. Un accord de non-agression est conclu. Staline est libéré d'une angoisse : il peut faire revenir vers l'ouest les troupes qui livraient bataille aux Japonais sur la frontière de Mongolie. Il se garde alors de toute précipitation, pour ne pas inquiéter son très provisoire ami Hitler.

Les généraux russes ont comme consigne de ne pas tirer sur les provocateurs. Le journal la *Pravda* les met spécialement en garde contre les agents de l'étranger, qui prétendent que l'Allemagne veut attaquer la Russie. Certains généraux seront en vacances le jour de l'invasion. Aucun n'ose discuter les ordres de Staline. Le secrétaire d'État américain Cordell Hull, Churchill lui-même l'ont mis en garde. Ils ont eu vent, par leurs services secrets, du plan *Barbarossa*. Staline a reçu d'un de ses espions à Tokyo, Sorge, un télégramme qui l'avertit du jour et de l'heure de l'agression. Il le pense intoxiqué par les Anglais et ne veut pas le croire. Du coup les plans de l'opération livrés par Sorge ne peuvent convaincre le chef du Renseignement soviétique. Staline sait parfaitement qu'Hitler masse des troupes à sa frontière, mais il croit qu'il procède à un chantage diplomatique. Il ne prend que des mesures limitées de précaution parce qu'il tient à la paix à tout prix.

Pendant ce temps l'armée Rouge...

Si Staline veut la paix, c'est qu'il n'a pas les moyens de faire la guerre. Il connaît, mieux que personne, les insuffisances de l'armée Rouge. Il vient d'en liquider presque tous les officiers supérieurs. Le chef de l'état-major, Toukhatchevski, a été fusillé pour avoir été complice d'un complot de l'étranger. 2 maréchaux sur 4, 14 généraux d'armée sur 16, les 2/3 des autres généraux, 8 colonels sur 10 ont été fusillés ou déportés dans des camps de travail. L'ancien champion d'équitation Joukov vient d'être nommé à l'état-major de Staline pour avoir battu une armée japonaise en Mongolie, en mai 1939. Joukov est très critique à l'égard de l'armée. Il estime que les généraux des divisions blindées ne savent pas manœuvrer en liaison avec l'artillerie, que les transports de troupes sont beaucoup trop lents. Les ballasts des lignes, construits en sable, s'effondrent. Les trains les plus rapides roulent à 50 kilomètres à l'heure. Sur la ligne qui rejoint Moscou à Kiev, la capitale de l'Ukraine, la

Dans cette usine allemande, en 1943, on fabrique activement des armes. La guerre contre la Russie impose à Hitler de renforcer sans arrêt ses armées (45 000 chars et canons fabriqués en cinq ans).

L'armée allemande sur une route de Russie. Hitler a lancé trois millions d'hommes à l'assaut de l'URSS. Ils disposent de 3 000 avions, de 3 350 chars, de 7 000 canons. L'armée Rouge est forte de 5 370 000 hommes.

Dans un village russe, où stationnent des Panzer, des officiers allemands font l'appel de leurs hommes.

voie est très souvent unique et les trains ne peuvent se croiser. Les routes sont dans un état pitoyable. Seuls les parcours Moscou-Smolensk-Vitebsk et Minsk-Kiev sont praticables, les autres routes sont des pistes que l'hiver rend inutilisables. Même les ponts ne résistent pas aux colonnes motorisées. Joukov demande avec insistance un plan de renforcement des transports.

Il veut aussi des armes. Les spécialistes de l'armement ont mis au point une excellente batterie baptisée *Katioucha* ou *orgues de Staline,* un ensemble de canons capable de lancer plusieurs obus en même temps. Mais la décision de les fabriquer est prise trop tardivement. Des responsables arrêtent la fabrication des canons antichars, pour fabriquer des pièces trop lourdes, qui manquent de tracteurs. Les nouveaux chars *T34* ne sont qu'une centaine aux armées. Ils sont les seuls qui puissent affronter les *Panzer.* Les autres modèles sont trop anciens. Les camions, les tracteurs, les motocyclettes de reconnaissance manquent cruellement, ainsi que le matériel de radio. Les chefs d'unité ont pris l'habitude de communiquer par téléphones à câbles. Quand les lignes seront détruites par les bombardements, ils seront isolés.

Les pilotes d'avions ne sont pas entraînés au vol de nuit, et les modèles performants sont encore dans les cartons des ingénieurs. Tupolev, inventeur génial de prototypes, est en prison, compromis dans le procès des généraux. Une soixantaine de *Yak I* existent au moment de l'agression et ils sont détruits au sol le premier jour. Staline n'a plus d'avions pour transporter ses unités parachutistes dont il était légitimement fier. On crée un état-major général pour toutes les armées, la *Stavka,* le 23 juin seulement ; Staline le domine. Il s'est donné tous les pouvoirs pour conduire la guerre lui-même, à la manière d'Hitler.

Il sait que la nation n'est pas prête pour l'effort de guerre, pas plus que l'armée : la terreur politique

LA GUERRE ÉCLAIR EN EUROPE

exercée dans le pays par les 500 000 agents du commissariat à l'Intérieur (les « casquettes bleues » du NKVD) a éliminé un très grand nombre de cadres. Plusieurs millions de Soviétiques ont transité par les prisons de Moscou (la Loubianka) ou de Leningrad (la Presylka) avant d'aller rejoindre les colonnes de travailleurs forcés des *goulags* (abréviation d'un terme russe qui signifie : administration générale des camps), qui meurent à petit feu sur les grands chantiers.

Beria, le double de Staline, épure même les « casquettes bleues » et poursuit sa politique répressive. Les nouveaux cadres du parti, qui ont pour la plupart moins de 40 ans, sont dévoués au nouveau régime, mais ils manquent d'expérience. Ils imposent une discipline de fer dans la production industrielle, et les jeunesses communistes surveillent les départs à l'armée et le moral politique des futurs combattants. Les plus adroits sont engagés dans les « tireurs de Vorochilov », tireurs d'élite qui joueront un rôle capital au front. Les autres sont entraînés au tir, au sabotage, au vol à voile dans les aéro-clubs, au dressage des chiens et des pigeons pour la guerre. Des écoles militaires ont été mises en place pour hâter la formation des chefs. L'armée Rouge en manque cruellement.

Elle manque aussi d'armements en raison des insuffisances de la production. Pourtant Staline a pris ses précautions, déplaçant ses ensembles industriels loin vers l'est, le long du chemin de fer transsibérien. La Russie dispose de réserves et d'installations énergétiques (mines de charbon, barrages) et de matières premières permettant de faire face à un long conflit, mais les productions modernes en sont à leurs débuts : les usines d'aviation, de matériel électrique sont encore trop peu nombreuses. Elles ont bénéficié, de 1939 à 1941, de l'aide technique des Allemands, mais elles ne fournissent pas encore à l'armée Rouge en quantités suffisantes les armements modernes dont elle a besoin. Ainsi Staline est inquiet de l'attaque brusquée des Allemands. Les Russes ne peuvent espérer l'emporter que si le temps travaille pour eux.

Les Allemands savent que leur supériorité industrielle est provisoire. Avec l'aide des usines de l'Europe occupée (Renault en France, Skoda en Tchécoslovaquie), ils produisent, en 1941, 11 000 avions de chasse, 5 200 chars et engins blindés, 30 000 canons. Hitler est fier des 32 millions de tonnes d'acier qui lui permettent de surclasser les 18 millions de tonnes sorties des aciéries russes. Si la guerre ne dure pas longtemps, cela suffit pour anéantir l'armée Rouge. Pour que la supériorité reste à l'Allemagne, en cas de résistance prolongée des Russes, Hitler projette de s'emparer de l'Ukraine, riche en blé et en aciéries, et des champs de pétrole du Caucase. Il conduira ainsi son ennemi à la pénurie.

Les Russes ne sont pas préparés à l'agression. On leur a trop répété que le pacte germano-soviétique garantissait la paix pour longtemps. Dans la matinée du 22 juin, le gouvernement russe reste muet. Jusqu'à midi les Russes ne savent rien. Les habitants de Leningrad font la queue dans les gares pour partir sur la plage en mangeant des glaces à la vanille, par cette chaude matinée d'été. Quand Molotov parle enfin à la radio, c'est la surprise générale : les Allemands dit-il, « ont trahi leur parole ». La population est atterrée.

La médaille de l'ordre de l'Armée Rouge date de la Révolution de 1917. Elle porte au centre l'emblème communiste : la faucille et le marteau.

Ni Staline ni les généraux ne connaissent la situation du front. Les Allemands ont coupé toutes les communications par fil et les radios fonctionnent mal. Certaines unités, en voyant surgir les *Panzer,* ignorent que la guerre est déclarée. Les généraux téléphonent à Moscou pour demander des ordres. Pas de réponse : les lignes sont coupées. Staline se tait et se cache. Il ne parlera au peuple que le 3 juillet !

Des « cocktails Molotov » pour les jeunes

Dans l'armée, le désordre est indescriptible. Les renforts arrivent à pied, exténués, souvent attaqués sur les routes par les *Stuka.* Les généraux mettent en route leurs unités en entendant le discours de Molotov. On marche en hâte vers l'ouest. Les premiers combats sont des échecs : les chars démodés de la Xe armée se sont fait anéantir en un instant par les *Panzer.* Les réservoirs d'essence sont en flammes. Le général Pavlov, qui commande l'ensemble du front, ne trouve pas ses unités. Il monte ses contre-attaques avec des divisions qui n'existent plus. Les forces de la Baltique sont déjà menacées d'encerclement. Les armes du centre n'ont pas tenu devant l'assaut des blindés. Staline pense à utiliser la vieille tactique russe de la « terre brûlée », détruisant tout devant l'agresseur. Il ordonne le repli de toutes les industries vers l'est et fait monter au front des armées de réserve. Il convoque Pavlov à Moscou et le fait fusiller sur l'heure. Un général venu d'Extrême-Orient, Ieremenko, le remplace immédiatement. Quand Staline parle enfin à la radio, c'est pour supplier ses « frères et sœurs » de se sacrifier « pour le salut de la patrie ». Pour menacer aussi : on exécutera sans pitié « les déserteurs, les semeurs de panique, les propagateurs de bruits de toutes sortes ».

Les généraux tremblent dans leurs états-majors : les ordres sont de tenir sans jamais reculer. Idanov, qui commande à Leningrad, a levé un corps de volontaires populaires de 200 000 hommes. Des parachutistes ont été largués. On veut défendre à tout prix la ville de Lénine et de la Révolution. Toute la population civile est mobilisée pour creuser des tranchées et entourer la ville bientôt encerclée par les Allemands d'un « anneau de fer » : Leningrad ne doit pas se rendre.

On distribue aux jeunes des « cocktails Molotov » inventés par les scientifiques de l'Université pour mettre le feu aux chars. Le vieux maréchal Vorochilov, héros des guerres de la Révolution, attaque en tête des troupes improvisées, revolver au poing en poussant des hourras. Les Russes s'enterrent sur place. Les pertes des Allemands deviennent sensibles, ils ne peuvent pas progresser. Ils attendent des renforts pour donner l'assaut décisif.

Avant d'évacuer les villes à l'approche des Allemands, les Russes mettent le feu à leurs maisons. Dès leur arrivée, les occupants tentent d'éteindre les incendies. En six semaines, les Allemands ont déjà fait 600 000 prisonniers.

Mais la guerre éclair fait merveille dans les plaines du centre. Ieremenko ne parvient pas à redresser la situation. Les blindés de la XXe *Panzerdivision* ont fait leur entrée dans Minsk. Guderian leur a donné la main, encerclant 4 armées russes de 500 000 combattants. Toutes les unités prises dans la « poche » ont été anéanties, y compris la fameuse 4e division, baptisée « Staline ». Potatourtchev, qui commandait cette division, est surpris par les Allemands, habillé en civil, à l'entrée de Minsk. C'est le premier général russe capturé.

Sur la route de Moscou

Le 3 juillet, les blindés allemands ont franchi la Berezina : la route de Moscou leur est ouverte. Ieremenko n'a réussi à retarder la marche de la colonne que de quarante-huit heures, en sacrifiant les élèves de l'école des chars de Borissov et en faisant donner les chars *T34* flambant neufs arrivés de Moscou, qui surprennent les artilleurs allemands par leur robuste blindage. Les Russes s'organisent sur les bords du fleuve Dniepr pour tenter de défendre Smolensk. La dernière bataille pour Moscou s'engage.

Une nouvelle tenaille est mise en place par les généraux des *Panzer :* Guderian progresse lentement. Il perd 30 000 combattants, mais finit par réussir sa percée et, dans la poche de Smolensk, les Russes résistent courageusement sans aucun espoir d'être dégagés.

Les chefs de chars allemands pensent qu'ils vont enfin foncer vers Moscou, mais Hitler ordonne de rester sur place et cette attente se prolonge pendant cinq semaines. C'est alors qu'Hitler donne ses directives : la *Wehrmacht* doit occuper l'Ukraine et foncer sur le Caucase, abandonnant provisoirement Moscou.

A la mi-octobre 1941, il y a près de deux millions de prisonniers russes. Staline quitte Moscou, mais les troupes allemandes commencent à être freinées par la neige et la boue. Elles manquent de carburant et de vêtements d'hiver. Au début de décembre, la température est de –35°. Le moral des troupes est au plus bas.

Guderian est furieux mais il ne parvient pas à convaincre Hitler de renoncer à son projet. De son quartier général de Rastenburg, le « repaire du loup », Hitler prétend tout diriger. Il a décidé de s'emparer par priorité du blé de l'Ukraine et des pétroles du Caucase. Le commandement doit se soumettre.

Sur le front de Moscou Staline utilise ce répit pour se renforcer. Il sait que les Allemands ont éprouvé de grosses pertes pendant la bataille de Smolensk et ne les croit pas capables de risquer une nouvelle offensive. Il a de fortes réserves qu'il compte utiliser. La ruée des *Panzer* vers le sud décidée par Hitler est donc une surprise complète. Les pertes sont énormes de part et d'autre. Kiev, la ville sainte de la vieille Russie, tombe entre les mains des Allemands. Hitler vainqueur peut prendre la Crimée et le Donetz.

Nouveau changement de direction. Maintenant Hitler décide qu'on peut se tourner vers Moscou. Il

lance l'opération *Typhon.* Toutes les divisions blindées doivent faire mouvement du sud au nord pour s'aligner, derrière Guderian, en face de Moscou. C'est, dit Hitler, « la grande bataille décisive ». 14 *Panzerdivisionen* y participent.

Un nouvel encerclement est réussi entre Smolensk et Viazma : 6 armées commandées par Timochenko sont prises au piège. Joukov abandonne l'état-major pour se rendre sur le terrain et défendre Moscou en personne. Avec le titre de « commandant du front ouest », il rétablit la discipline, fait construire des lignes de fortifications improvisées devant Moscou, avec fossés antichars et canons dissimulés. La neige vient à son secours, enlisant l'armée allemande dans une mer de boue glacée. 3 000 000 de soldats soviétiques sont tombés entre les mains des Allemands, qui accusent 400 000 pertes.

Les motocyclistes transforment leurs machines en traîneaux. On mobilise les voitures de paysans russes pour transporter les munitions. Les Allemands attaquent sur tous les fronts, malgré la neige et la boue. Ils veulent en finir. Dans Moscou défilent les régiments de Sibériens, bottés de cuir et coiffés de fourrure. Ces « chasseurs d'ours et de loups » peuvent marcher dans la neige vingt-quatre heures de suite sans fatigue. Ils renforcent le front et occupent des positions voisines des jeunes ouvriers de Moscou, hâtivement armés. Ils

La résistance des Soviétiques a enfermé Hitler dans un piège dont il ne sortira pas. Le 8 octobre 1943, Staline lance la grande offensive de libération. On voit sur la photo les défenseurs de Leningrad s'élancer en janvier 1944 à la rencontre de leurs camarades, après 900 jours de siège.

Des soldats allemands emploient un lance-flammes pour venir à bout d'un fortin soviétique. Les hommes d'Hitler mènent en Russie une guerre sauvage. Mais ils sont maintenant beaucoup moins nombreux et moins bien armés que les Russes.

se battent furieusement contre la division SS *Das Reich* qui attaque à Borodino. Les régiments SS *Deutschland* et *Der Führer* sont décimés. Pourtant ils avancent, passent, et foncent sur Moscou que les bombardiers de la *Luftwaffe* incendient. La population se réfugie dans les couloirs du métro pendant que les jeunes de la défense passive éteignent les flammes. On mobilise toute la population de la ville dans un effort désespéré : 18 000 hommes des bataillons de sécurité ont pour mission de maintenir l'ordre pendant que 500 000 femmes et vieillards sont employés aux tranchées. Pour tous le slogan du parti est le même : « La patrie nous appelle. »

On mange même des corbeaux

Le 7 novembre 1941 sur la place Rouge, Staline décide de présider le défilé militaire, bien que Guderian soit à quelques kilomètres de là. Les chars quittent la place pour gagner directement le front, sous les vivats de la foule. Staline a pris la décision de faire venir sur le front 10 divisions fraîches de fusiliers sibériens, 1 000 chars et autant d'avions. Le gel revient. Le 19 novembre, les Allemands attaquent, sans savoir qu'ils ont devant eux des troupes fraîches. Dans la nuit du 5 au 6 décembre, Guderian doit renoncer. Il donne l'ordre de se retrancher. Pour un général de *Panzer*, c'est l'aveu de la défaite. La guerre de mouvement est terminée.

Guderian ne peut rester sur ses positions. Il fait retraite, abandonnant son matériel. Moscou est sauvé ! Mais en janvier 1942, les munitions manquent aux Russes qui ne peuvent poursuivre. Hitler a donné l'ordre de s'enterrer dans les villages, de construire à coups de canon des trous individuels dans la glace. La *Wehrmacht* a perdu 1 300 chars et 15 000 véhicules, elle n'a pas reçu de renforts. L'occupation de la Russie occidentale ne sert pas les buts de guerre d'Hitler, car Staline a fait démonter toutes les usines de l'ouest pour les reconstruire au-delà de l'Oural. 17 000 000 de personnes ont participé à la grande migration des industries vers l'est. La bataille industrielle s'engage grâce aux usines de l'Oural, de la Volga et de Sibérie. Les Allemands et les Russes se préparent fébrilement, pendant les premiers mois de 1942, à la reprise de l'offensive. Le sort de la guerre est en suspens.

Depuis décembre 1941 les Russes ne sont pas seuls à se battre : les Anglais font la guerre en Libye, contre Rommel, les Américains, agressés à Pearl Harbor, sont entrés, enfin, dans le conflit mondial. S'il ne peut espérer des secours rapides des Alliés, Staline conclut avec Churchill une alliance qui lui vaut l'acheminement de quantités croissantes de ravitaillement et de munitions par la route du Grand Nord. L'alliance américaine lui vaudra une autre source de ravitaillement, par l'Irak et l'Iran. Dans l'immédiat, l'industrie soviétique repliée fournit seule l'effort de guerre, grâce à une mobilisation générale des ouvriers. La politique de terreur pratiquée par les Allemands dans les territoires occupés de Russie permet aux communistes d'orchestrer une propagande patriotique très efficace, qui soude le pays dans un effort commun.

L'hiver de 1941-1942 est atroce pour les Allemands : les radiateurs des chars éclatent, l'huile gèle, l'essence devient solide, le caoutchouc dur comme du bois. Un tiers des véhicules de l'armée est inutilisable et les soldats doivent couper le pain à la hache. On ne compte plus les pieds gelés, ni les hommes morts dans la neige. L'armée ne se déplace que sur des traîneaux attelés aux chevaux russes, ou à ski. Les chefs ont changé : les Guderian, les von Rundstedt, les von Bock sont en disgrâce, parce qu'ils ont discuté les ordres d'Hitler. Celui-ci a interdit tout recul. Les hommes doivent tenir à tout prix sur les positions de repli, se constituer « en hérissons » autour des villages, repousser toutes les attaques des Russes.

Ceux-ci ont bien du mal à se défendre dans Leningrad assiégée depuis le 31 août 1941. Dmitri Pavlov a la charge d'y nourrir 2 500 000 personnes dont 400 000 enfants. En novembre les habitants de Leningrad commencent à mourir du scorbut. Ils n'ont que 200 grammes de pain par jour et 400 grammes de viande par mois. On mange les chiens, et même les corbeaux noirs et gris de la Baltique. En février 1942 on compte 200 000 morts, enterrés hâtivement dans des fosses communes. Le nombre de victimes sera de 800 000 à la fin du siège. Seule la « route de la vie » empruntée par les camions qui roulent sur les glaces du lac Ladoga peut permettre aux survivants (1 million d'hommes et de femmes) d'attendre la levée du siège. Le martyre de Leningrad devient un exemple pour

Fantassins et blindés allemands s'approchent d'un village. L'hiver russe est arrivé, mais les soldats n'ont pas reçu d'effets spéciaux contre le froid. Ils portent leur manteau d'uniforme ordinaire.

toute l'Union soviétique. Chostakovitch y compose sa septième symphonie, qui sera jouée dans toutes les Russies.

Des chiens contre les chars

À Moscou on reprend courage : l'armée a gagné la bataille. Les Allemands ne reviendront plus. La haine des envahisseurs est telle que chacun attend avec impatience la reprise de l'offensive. Les partisans, groupés en petites unités de 50 à 80 combattants, la préparent en attaquant sans relâche les lignes de ravitaillement de la *Wehrmacht.* En Ukraine occupée, Nikita Khrouchtchev a mis en place un parti clandestin et 2 000 combattants bien encadrés.

Les Allemands attaquent au printemps de 1942 dans la direction du Caucase. L'ordre d'Hitler est formel : s'emparer des champs de pétrole, dont la *Wehrmacht* commence à manquer. Les renforts sont arrivés de France et d'Allemagne. 2 500 avions, dont le nouveau chasseur *Focke Wulf 190,* sont lancés dans l'opération. Des divisions roumaines, hongroises, italiennes y participent également. La division *Azul,* venue d'Espagne, s'aligne dans les colonnes d'assaut aux côtés d'une division de SS *Viking* recrutée en Norvège, aux Pays-Bas, au Danemark et en Belgique. Le départ est donné, et les Allemands s'emparent d'abord de la Crimée où ils font 170 000 prisonniers.

Pour prendre Sébastopol, qui résiste furieusement, ils mettent en place 1 300 canons et 3 obusiers dont le plus puissant, baptisé *Dora,* lance des obus de 5 tonnes à 47 kilomètres grâce à son tube long de plus de 30 mètres. Sébastopol tombe le 2 juillet. À cette date le général allemand Paulus a fait échouer l'offensive soviétique contre Kharkov, non sans perdre de nombreux chars dans la bataille : les Russes utilisaient des chiens qu'ils lançaient contre les chars avec des charges explosives amorcées, fixées sur leur dos. Le 28 juin,

Des enfants russes préparent des mitraillettes dans une usine. Staline a ordonné que rien ne soit laissé à l'ennemi : « Pas un wagon, pas une locomotive, pas un kilo de blé » dit-il. Il lui faut rattraper le retard de son armée en matériel. Les usines travaillent jour et nuit pour produire des armes. Mais l'aide matérielle apportée par les Américains jouera un rôle déterminant.

les Allemands vainqueurs s'avancent sur le Don, ayant fait 600 000 prisonniers. Les Russes se replient comme ils peuvent sur la Volga. Les Sibériens, appelés en renfort, arrêtent les avant-gardes de Paulus. Au sud, la division *Viking* a pris Rostov-sur-le-Don et les blindés marchent en direction du fleuve Kouban, à travers la steppe brûlante. Ils débouchent sur les puits de pétrole et des combats féroces permettent aux Allemands de s'en rendre maîtres. Mais quand les techniciens arrivent pour exploiter immédiatement les puits, ils constatent qu'il est trop tard : les Soviétiques ont réussi à les saboter. Le maréchal List, qui n'a pas su s'emparer du pétrole, est limogé par Hitler. L'offensive allemande est un échec. Reste le front de Stalingrad.

Stalingrad, immense champ de ruines

Staline a donné l'ordre à la 62e armée soviétique de se maintenir à Stalingrad à tout prix. Hitler compte que Paulus, avec sa VIe armée, s'en emparera au plus tôt. Une rude bataille s'engage. Autour de ces deux armées, des renforts surgissent progressivement de part et d'autre jusqu'à faire de Stalingrad une bataille d'anéantissement.

Paulus avance lentement car il manque de carburant et bientôt de chars. En juillet, Hitler envoie toutes les unités blindées sur le front du Caucase : les Italiens et les Roumains venus à la rescousse sont chargés de garder la ligne du Don et Paulus dispose de 14 divisions et d'un groupe blindé.

Staline forme aussitôt un front du sud-est avec quatre armées qu'il tenait en réserve et Ieremenko se précipite à sa tête contre l'armée blindée de Hoth. Au nord, Paulus s'avance vers la Volga. Le 19 août, il aligne plus de 200 000 soldats derrière 600 chars et 2 700 canons. Il atteint presque la Volga le 23 août. Il est en mesure de bombarder pour la première fois Stalingrad au canon. Le siège commence.

Une colonne de prisonniers soviétiques. Les Russes tombent très nombreux entre les mains des Allemands : plusieurs centaines de milliers d'hommes dès les premières semaines de l'opération Barberossa. Dans cette guerre, les prisonniers des deux camps sont traités sans pitié.

Le commandement allemand découvre peu à peu que Staline a tenu en réserve dans des lieux secrets des troupes fraîches, protégées par des *T34* avec de nombreux régiments d'artillerie et de *Katioucha.* Il ne les envoie sur le front qu'au compte-gouttes, parce qu'il veut être sûr de connaître les intentions des Allemands avant de frapper le coup décisif. Il se demande encore si l'attaque de Stalingrad n'est pas une ruse allemande, si Hitler ne cherche pas à attirer les grandes unités russes à Stalingrad pour dégarnir Moscou et prendre la ville à revers. Aussi n'envoie-t-il pas encore de réserves massives à Stalingrad. Dans la ville, seule la 62ᵉ division résiste, commandée par le général Tchouïkov : 15 000 hommes contre les divisions d'assaut commandées par Paulus. Les commissaires politiques font fusiller séance tenante, selon les instructions de Staline, les « paniquards et les fuyards ». Le « Comité de défense » de la ville s'est transformé en organe de combat, recrute les communistes dans des milices de volontaires et fait creuser les défenses antichars et les tranchées. Cachés dans les pins, de l'autre côté de la Volga, les 10 000 fusiliers de la 13ᵉ division de la garde sont prêts à intervenir mais Tchouïkov est seul à le savoir. Tous ces concours sont mobilisés pour l'assaut du 13 septembre, meurtrier des deux côtés. Les Allemands s'emparent au prix de lourdes pertes d'une colline dominant la ville, le Kourgane de Mamaï. Ils avancent vers la Volga, bousculant les obstacles, quand ils sont attaqués par les soldats d'élite de la garde Rouge qui ont franchi le fleuve.

— Je suis communiste, dit le major Rodimtsev qui les commande, et je n'ai pas l'intention de partir d'ici.

Les gardes reprennent à la baïonnette la colline du Kourgane de Mamaï. 300 canons lourds et les *Katioucha* arrosent sans arrêt les positions allemandes. Les obusiers et les bombardiers allemands ont transformé Stalingrad en un champ de ruines où les combats

L'hiver 1942/1943 est un hiver terrible. Les Allemands, à Stalingrad, n'étaient pas équipés pour une bataille dans la neige. Le ravitaillement, les munitions et les vêtements arrivent par air. Au début de l'encerclement, les Allemands firent atterrir et décoller 70 avions par jour. Après quelques semaines, il n'y en a plus que 20. Les Russes finissent par reprendre la ville maison par maison.

de rue font rage. Un héros, Pavlov, tient pendant cinquante jours avec une poignée d'hommes un ancien moulin. Une énorme bâtisse de béton, l'*Élévateur,* l'usine des *Tracteurs* ou l'usine *Octobre rouge* sont autant de coupe-gorge où l'on se bat jusqu'à la mort. Les 3/4 des gardes Rouges sont morts : les survivants se battent à l'arme blanche pendant que les Allemands attaquent les ruines à la grenade et au lance-flammes. Le 11 novembre, après des semaines de combats acharnés, les Allemands atteignent enfin les bords de la Volga, isolant une division. C'est leur dernier succès. Dans le silence de la *Stavka,* Staline a mis au point la contre-attaque.

Dans les ruines de Stalingrad, à la fin de la guerre, les habitants reviennent peu à peu sur les lieux où ils ont vécu. C'est ici que l'Allemagne a connu l'une de ses premières grandes défaites (9 000 soldats et 24 généraux prisonniers).

Une pluie de croix de fer

Un front du Don vient d'être créé par Joukov, au nord de la ville, avec les réserves secrètes de l'armée Rouge. Au sud, Ieremenko et Khrouchtchev organisent le « front de Stalingrad » en alignant les unités nouvelles. Les Allemands se sont de leur côté renforcés puisque l'armée de Paulus compte désormais 81 divisions au lieu de 42. Hitler veut absolument tenir Stalingrad, devenue lieu symbolique pour l'Europe en guerre. La politique de répression d'Hitler en Russie, qui traite les millions d'hommes des territoires occupés ou prisonniers comme un troupeau d'esclaves, nourrit contre les Allemands une formidable haine patriotique. Les commissaires politiques, « chiens de garde de Staline », sont partout aux armées et dans les maquis derrière l'ennemi. Les trains de munitions pour Stalingrad sautent sans arrêt sous les coups des partisans. Du nord au sud du Don, les grandes unités russes reconstituées et dotées de chars et de canons neufs sont prêtes à prendre en tenaille, par une puissante attaque, les lignes de communication de l'armée de Paulus qui sera isolée dans Stalingrad et anéantie : tel est le plan de Staline.

Le 19 novembre à 8 h 50, dans la neige glacée de la steppe et sous un vent meurtrier, les *T34* de la Ve armée blindée attaquent. Devant eux, des Roumains qui se défendent bien. Manquant de canons antichars, ils ne peuvent empêcher les Russes de percer. Les chars allemands *Skoda*, trop légers, viennent à la rescousse et sont détruits par le feu nourri des *T34.*

Les Roumains bousculés, les armées russes du groupe du nord arrivent devant Kalatch. Paulus demande à Hitler la permission de quitter Stalingrad, pour ne pas être encerclé. Permission refusée ! À deux reprises, Paulus suppliera Hitler de l'autoriser à sauver, en se repliant, les restes de son armée. Maintenant Paulus est encerclé. Il n'a plus que six jours de réserve d'essence. Il demande l'autorisation de percer en direction de l'armée blindée de Hoth, qui se trouve au sud-ouest de la ville. Nouveau refus d'Hitler. 300 *Junkers 52* sont chargés par Göring de parachuter des vivres et des munitions aux défenseurs. Les chasseurs soviétiques les abattent. Les Allemands rassemblent une armée de secours pour dégager Stalingrad, avec de nouveaux chars lourds *Tiger.* Deux armées blindées soviétiques lui barrent la route. Paulus est condamné.

Les Allemands meurent de faim et ne peuvent évacuer leurs blessés. Hitler leur fait parachuter une pluie de croix de fer, la décoration de guerre allemande, et nomme Paulus maréchal. 7 000 canons russes bombardent jour et nuit. Paulus résiste jusqu'au 2 février, perd 100 000 hommes. 90 000 se rendent, dont 2 500 officiers et 24 généraux. En Allemagne un deuil national de trois jours est proclamé. C'est la fin d'une aventure. Hitler n'a pas encore perdu la guerre, mais la « ruée vers l'Est » de la *Wehrmacht* n'est plus qu'un souvenir. Désormais les Russes marchent vers l'ouest : le sort de la guerre a changé à Stalingrad.

L'OCCUPATION

Juif
Vanni TEALDI

L'OCCUPATION

Le grand dessin *(de la page précédente)* montre la France coupée en deux par une « ligne de démarcation », qui sépare la partie occupée par les Allemands au nord de celle encore libre, au sud. *En bas à gauche*, des soldats allemands gardent un poste entre les deux zones. Depuis le mois de juin 1940, la France est dirigée par un vieux chef d'État, le maréchal Pétain, que l'on voit saluer *(en haut à gauche)* la foule de ses fidèles. Beaucoup de Français voient en lui un protecteur contre l'occupant. L'homme représenté de profil à côté de lui s'appelle Pierre Laval. C'est le chef du Gouvernement. Il a choisi de s'entendre avec l'Allemagne, pour le cas où elle gagnerait la guerre et par peur du communisme. *A droite sur le dessin*, on voit des visages des pays occupés. En haut, deux femmes portent l'étoile juive imposée par Hitler qui fait déporter les juifs par millions dans des camps spéciaux. Sa police est dirigée par Heinrich Himmler *(dans le coin, en haut à droite)*. Elle fait la chasse aux résistants. *Au milieu du dessin*, des membres de la Gestapo viennent d'arrêter un suspect. *En bas*, ils vérifient des papiers d'identité. *A côté*, un groupe de résistants français écoutent la radio de Londres et des messages codés pour les résistants. D'autres Français combattent les résistants aux côtés des Allemands dans une organisation appelée la Milice, que dirige Joseph Darnand, l'homme coiffé d'un béret qui fait le salut militaire.

De juin 1941 à 1943, l'Europe, de l'Atlantique à l'Ukraine, est occupée par les Allemands. L'occupant n'a nullement l'intention de conclure des traités de paix avec les nations vaincues. Hitler cherche la domination totale d'un continent. S'il tolère l'existence d'une France indépendante au sud de la Loire, gouvernée par le maréchal Pétain, ce n'est pas pour s'en faire une alliée, mais pour tirer de l'économie française tous les profits que l'Allemagne en guerre peut en attendre.

Les prisonniers font les premiers les frais de cette conception de la guerre. On avait assuré aux 2 000 000 de captifs français qu'ils seraient libérés dans les quinze jours qui suivraient l'armistice. Ils s'étaient rendus sans chercher à s'évader. 225 000 d'entre eux, il est vrai, ne s'étaient pas fiés à la parole des Allemands et avaient pris le large avant d'être enfermés, sans être inquiétés. L'occupant n'avait pas les moyens de surveiller une telle masse d'hommes.

Des journalistes amis des Allemands

La plus grande partie (1 580 000 hommes) avait été expédiée en Allemagne. Ils étaient attendus dans les camps de prisonniers, 56 stalags pour hommes de troupe et 14 oflags pour officiers. Il n'était pas question de leur rendre la liberté « avant la signature de la paix ». Celle-ci ne pouvait intervenir que quand Hitler aurait terminé ses conquêtes. On pouvait attendre. Les prisonniers venus d'Afrique du Nord, de l'Afrique noire, de Madagascar, d'Inde ou des Antilles, de la Réunion ou d'Océanie n'avaient pas été envoyés en Allemagne où l'on ne souhaitait pas la présence de gens de couleur. Ils avaient été regroupés dans des stalags spéciaux en France.

L'Europe occupée était immédiatement soumise à la propagande nazie, dès les premières heures de l'entrée des troupes allemandes. En Hollande, des spécialistes de radio de la *Wehrmacht* avaient aussitôt organisé des émissions en langue néerlandaise. Des compagnies de propagande avaient été créées par le docteur Goebbels dans l'armée. Dès juin 1940, les Allemands utilisent les studios parisiens de radio en lançant des émissions en français, avec des journalistes à leurs gages. Deux journaux reparaissent dans les kiosques, *le Matin* et *la Victoire*. Tous les autres se sont repliés en zone libre. Les Allemands reprennent le titre de *Paris Soir*, replié à Clermont-Ferrand. À l'hôtel Majestic, la section de propagande de l'armée met en place le nouveau système de médias de la France occupée : *le Petit Parisien*, comme *France Soir* sont contrôlés par les Allemands, qui imposent leur censure et le choix des journalistes collaborateurs et amis de l'Allemagne. *Radio Paris* est créée par le capitaine allemand Bofinger. Comme les Belges et les Néerlandais, les Français de la zone occupée savent désormais qu'ils n'ont plus droit à une presse libre.

Quant aux Alsaciens et aux Lorrains, ils ne sont plus Français et lisent donc des journaux allemands. Dès le 2 août 1940, sans que le gouvernement de Vichy en soit informé, un décret d'Hitler a placé les territoires de l'Est sous l'administration du ministre de l'Intérieur allemand. L'Alsace est rattachée au pays de Bade et dirigée par un commissaire allemand, Wagner. On donne dix ans à ce dernier pour rendre la province « totalement germanique ». Des *Gauleiter* (gouverneurs) nazis gouvernent l'Alsace et la Lorraine, sous le contrôle direct de la grande Chancellerie du Reich.

En Alsace, des professeurs allemands

Les dignitaires nazis défilent à Strasbourg dans la *Hermann Göring Strasse* (rue Hermann-Göring), ancienne avenue de la Paix. Des parades avec des

Le quartier général de la Gestapo à Paris se trouve rue de Rivoli, près de la place de la Concorde. Aux immeubles pendent des drapeaux rouges à croix gammée. Le drapeau français a disparu. Les Parisiens circulent beaucoup à bicyclette. La nuit, les occupants imposent le couvre-feu qui oblige les habitants à rester chez eux.

milliers de drapeaux à croix gammée sont organisées place Kléber. On a enlevé la statue et l'urne contenant les cendres du général. On repeint les façades des magasins pour y faire disparaître les inscriptions en français. Des instituteurs allemands sont nommés dans les écoles, où ils n'enseignent que leur langue. Les enfants sont inscrits aux Jeunesses hitlériennes et sont fréquemment interrogés sur les sentiments de leurs parents. On leur apprend l'histoire du nazisme et les chants hitlériens. Le 25 août 1942, les Alsaciens sont considérés comme des Allemands à part entière. Ce jour-là, ils apprennent qu'ils doivent être incorporés dans l'armée allemande. On avait libéré des camps de prisonniers tous les Alsaciens et Lorrains. Ceux-ci étaient rentrés chez eux. Ils devaient maintenant revêtir l'uniforme allemand. Les fonctionnaires, les enseignants étaient contraints de signer des déclarations de fidélité à Hitler. Tous ceux qui refusaient de s'exprimer en allemand étaient internés.

Des membres du parti nazi et des fonctionnaires de l'État allemand défilent à Strasbourg à l'occasion de la fête traditionnelle de la ville, le 11 octobre 1942, rue Hermann-Göring, ancienne avenue de la Paix. Aux yeux des Allemands, Strasbourg appartient non à la France mais à l'Allemagne.

En Lorraine, le *Gauleiter* Bürckel gouvernait en même temps la Sarre et le Palatinat, toute la rive gauche du Rhin : il faisait immédiatement chasser de leurs terres 100 000 paysans lorrains francophones. La *Gestapo* de Metz traquait et expulsait « toute personne se faisant remarquer par son francophilisme ou plus simplement par son opposition à l'occupation allemande ». Bürckel avait réquisitionné 120 000 hectares de bonne terre lorraine pour les distribuer à des Allemands venant de la Sarre et du Palatinat. On attirait les colons de langue allemande venus de l'est. Cette colonisation se développait non seulement en Lorraine, mais dans les départements de la « zone interdite », la Haute-Marne, la Meuse, les Ardennes, l'Ain et la Marne. On prétendait remettre en culture les terres abandonnées par les réfugiés ou désertées par les familles des prisonniers.

Des émigrés allemands étaient emprisonnés dans des camps de la France de Vichy. Au Vernet, à Gurs, dans la région de Pau, les Allemands avaient peur d'être capturés par les agents d'Hitler, car une clause de l'armistice imposait aux Français de les remettre à leurs autorités de tutelle. La *Gestapo* visitait les camps, dressait des listes, recensait méticuleusement les juifs et les opposants. Hitler n'avait nullement l'intention de les récupérer, au contraire, il déportait en France, le 29 octobre 1940, tous les juifs du pays de Bade et du Palatinat, qui venaient grossir les effectifs du camp de Gurs.

Le Gouvernement de Vichy a proclamé la Révolution nationale sous l'effigie du maréchal Pétain. Il a invité les Français à croire aux lois du travail, de la famille et de la patrie.

Des pays gouvernés par l'occupant

Les Français pouvaient se flatter du privilège d'avoir, dans la zone Sud, un gouvernement français. Ce n'était pas le cas des Polonais, placés directement sous administration allemande, et fort mal traités, ni des Tchèques, qui obéissaient à un « protecteur » qui ne protégeait rien, le pays étant livré au chef de la police et aux SS. L'Autriche avait été rattachée à l'Allemagne. Les pays indépendants d'apparence étaient tous sous domination allemande. Les plus libres étaient le Danemark, la Roumanie et la Slovaquie. Mais le maître de la Slovaquie, le prêtre Jozef Tiso, devait obéir à l'ambassadeur d'Allemagne. La Roumanie, dépouillée de plusieurs provinces, obéissait au « conducator » Antonescu, ami des Allemands, qui faisait régner sur son pays la terreur antisémite, et livrait aux nazis les ressources en pétrole et en blé. La Yougoslavie et la Grèce étaient des territoires militaires entièrement aux mains des Allemands. Au Danemark, dont le roi n'avait pas résisté à l'agression, on sauvait la face. Le pays avait « accepté de placer sa neutralité sous la protection de l'Allemagne ». Le régime monarchique subsistait mais le Danemark fournissait ses produits agricoles et industriels exclusivement aux Allemands qui occupaient son territoire et levaient dans la population des volontaires pour les régiments de SS.

Ce régime privilégié n'était pas celui de la Norvège, des Pays-Bas et de la Belgique, qui avaient résisté à l'invasion. Les Belges avaient constitué un gouvernement libre à Londres, ils devaient être châtiés. Un gouverneur allemand de Belgique et des départements du nord de la France administrait les pays qui étaient pillés intégralement. Le roi des Belges se considérait comme prisonnier dans son château. Un gouverneur allemand, Seyss-Inquart, régnait sur les Pays-Bas. Il en était de même en Norvège où le haut-commissaire allemand Terboven gouvernait sans faiblesse un pays où l'on écoutait avec passion, sur les ondes de Radio-Londres, les discours du roi Haakon en exil.

La ligne de démarcation sépare la zone occupée (les 3/5 du pays) et la zone libre. Ce couple va franchir cette ligne et montrer ses papiers comme à une frontière.

La France paie 400 millions par jour

En France le gouvernement de Vichy est légal puisqu'il a été investi par l'Assemblée nationale le 10 juillet 1940. Le maréchal Pétain a reçu les pleins

Les Français ne peuvent plus circuler librement d'un bout à l'autre du pays. Pour franchir la ligne de démarcation ils doivent obtenir des Allemands ce qu'on appelle un « Ausweiss », c'est-à-dire un laissez-passer.

Un agent de police règle la circulation à Paris pendant l'occupation allemande. La circulation est toujours contrôlée par la police française mais les panneaux de signalisation sont écrits en allemand.

Les enfants juifs sont privés par les Allemands des jeux de leur âge. Beaucoup connaîtront un sort souvent tragique dans les camps de la mort.

pouvoirs des députés et des sénateurs pour créer *l'État français,* un régime sans contrôle parlementaire qu'il domine entièrement. Il dispose d'une armée réduite, d'une marine désarmée. Mais il garde les colonies de l'ancien empire et une représentation diplomatique à l'étranger.

En fait, cette France de Vichy n'est qu'un « État croupion » dominé par l'Allemagne. Celle-ci doit recevoir 400 millions de francs par jour de frais d'occupation. Ses côtes sont entièrement occupées, de Calais à Hendaye. Les Allemands ont les moyens d'acheter en France toutes les industries qui leur conviennent. Vichy ne gouverne que la partie la plus pauvre du pays, le Centre et le Sud. Les mines de charbon du Nord et du Pas-de-Calais sont dans la « zone interdite » rattachée à la Belgique. D'Amiens à Dole dans le Jura, une ligne infranchissable interdit aux Français de pénétrer dans cet espace économique réservé aux Allemands. La région industrielle et sidérurgique de Lorraine est entièrement entre leurs mains.

Une « ligne de démarcation » sépare en outre la France occupée du Nord et la France de Vichy. Dans la zone « occupée » le général allemand von Stülpnagel, commandant militaire, a les moyens de faire pression sur les préfets et sur la police. Il contrôle la presse et la radio. Il a tout pouvoir pour passer commande aux industries et les obliger à travailler pour l'Allemagne. Il peut aussi réquisitionner les produits agricoles et la main-d'œuvre.

L'État français a publié des lois antisémites le 18 octobre 1940, qui excluent de l'armée, de l'enseignement, de la magistrature et de la haute administration « toute personne issue de 3 grands-parents de race juive ». Six jours plus tard, le 24 octobre, le maréchal Pétain rencontre Hitler à Montoire. Il lui offre, en termes vagues, la « collaboration » de la France. Maître de tout le nord du pays dont il exploite les richesses, le Führer ne promet ni la conclusion de la paix que demande le maréchal ni le retour des prisonniers, il n'a que faire de la « collaboration » des Français et ne s'intéresse qu'à leur exploitation.

Les écoliers chantent « Maréchal, nous voilà »

Les Français comptaient sur Pétain pour assouplir le régime d'occupation et revoir très vite les prisonniers. Ils avaient accueilli avec enthousiasme, au lendemain de l'armistice, le vainqueur de Verdun, celui qu'on appelait « le père de la patrie » et dont le profil figurait sur les timbres et les monnaies de l'État, et même sur les cocardes tricolores distribuées aux écoliers pour qu'ils les collent sur les couvertures de leurs livres et de leurs cahiers. Le maréchal faisait de fréquentes visites dans les villes de la zone libre et les écoliers se massaient sur son passage, brandissant de petits drapeaux tricolores. On apprenait aux écoliers à chanter « Maréchal, nous voilà », on encourageait les mouvements scouts. 100 000 garçons de 20 ans avaient été recrutés en guise de service militaire pour les « chantiers de jeunesse ». Les « compagnons de France » en uniforme parcouraient les routes et campaient l'été dans des camps de travail. Un effort tout particulier avait été consenti par les autorités de Vichy pour se rallier la jeunesse. Mais aussi l'Église et les catholiques : le Maréchal, qui ne passait pas pour très pieux, se montrait ostensiblement à l'église. Partout s'ouvraient des écoles religieuses dont les professeurs étaient payés par l'État. Le Maréchal avait encore appelé à lui les anciens combattants de la Grande Guerre. Il les avait réunis en une « légion française » (2 000 000 de personnes). Ils portaient le béret basque et un insigne, la francisque, et organisaient dans les villes et les villages des cérémonies de recueillement patriotique, pour la fête de Jeanne d'Arc. Après la défaite, les militaires estimaient souvent — les amiraux surtout, derrière Darlan — que le devoir strict du régime de Vichy était la neutralité, qu'il devait se défendre pied à pied contre l'occupant, sans faire le moindre cadeau à l'ancien allié anglais, qui avait coulé la flotte française de Mers el-Kébir.

Une Parisienne porte l'étoile jaune. Cela veut dire qu'elle est juive. 75 000 juifs sur les 350 000 qui étaient en France en 1939 vont mourir en déportation.

Une unité des « chantiers de jeunesse » défile à Vichy devant le maréchal Pétain, à l'occasion de ses 88 ans. Encadrés par des officiers, les Chantiers de jeunesse fourniront une partie des réfractaires et des maquisards après novembre 1942 et furent finalement dissous par les Allemands en 1944.

Mais Vichy s'adonnait à la répression des hommes de l'ancienne République, de leurs partis, de leurs syndicats. Ceux-ci étaient dissous et leurs militants emprisonnés quand ils appartenaient au parti communiste. À partir de 1941, quand l'Allemagne eut envahi la Russie, la persécution anticommuniste fut intensifiée et 30 000 membres du Parti arrêtés. Les organisations

Sur la place de la République à Paris, une scène de la vie sous l'Occupation. Le visage de la jeune femme au premier plan trahit son inquiétude et sa tristesse. L'essence étant rationnée, il y a peu de voitures. Les Français roulent à vélo ou en fiacre. Parfois, à la place de l'essence, on roule au « gazogène ».

Nächste GFP. Dienst
HOTEL MATIGNON
GL/Villacoublay
Krankenverteilungs
u. Unfallmeldestelle
A LA
GLOIRE
DE LA
REPUBLIQUE
FRANCAISE
LA
VILLE DE PARIS
1883
TAXI-IDÉAL
tel. PER 01.56
Vanni TEALDI

On s'arrange comme on peut durant l'Occupation pour survivre. Le seul taxi utilisable est le vélo-taxi. De courageux cyclistes transportent les clients.

politiques avaient disparu, les syndicats étaient remplacés par des corporations dont les membres étaient nommés par le gouvernement. Les fonctionnaires qui refusaient de prêter serment au Maréchal étaient révoqués. Les maires n'étaient plus élus par les habitants des communes, ils étaient nommés par le ministre de l'Intérieur de Vichy sur proposition des préfets. Une monarchie absolue, dont le souverain était un vieillard de 84 ans, gouvernait la zone libre.

Voitures à cheval et vélos-taxis

Le régime de Vichy ne pouvait assouplir, malgré ses efforts, les conditions de l'occupation allemande qui se durcissaient au contraire d'une année sur l'autre. Les « réfugiés » de l'exode avaient rapidement regagné leurs foyers. 3 500 000 d'entre eux étaient rentrés dès le mois d'octobre 1940. Là, des surprises les attendaient : ils ne pouvaient correspondre avec leurs parents restés en « zone libre » que sur des cartes « interzones », d'un modèle unique, où l'on ne pouvait utiliser qu'un nombre limité de phrases. Pour expédier de vraies lettres d'une zone à l'autre ou franchir sans autorisation (*Ausweis* en allemand) la ligne de démarcation, ils devaient s'adresser à des passeurs clandestins qui demandaient 10 francs pour une lettre et 5 000 francs pour un homme.

La vie n'était pas forcément plus facile en zone Sud : l'absence des prisonniers créait des problèmes dans les campagnes et dans les affaires. Les entreprises fermaient souvent, quand elles ne travaillaient pas pour la guerre et, pendant un an, les démobilisés ont connu le chômage.

La production lourde tournant exclusivement au profit de l'Allemagne, il n'y avait plus de combustible pour les particuliers, encore moins d'essence, même pour les transports en commun. Même le courant électrique était rationné. Les autobus portaient sur leur toit d'énormes ballons de gaz. Les camions de livraison avaient des gazogènes fonctionnant au charbon de bois qui permettaient de rouler à des vitesses réduites. Les voitures à cheval, les fiacres avaient reparu dans les villes où de courageux cyclistes chargeaient les clients dans leurs vélos-taxis.

Le rationnement était imposé à la population. Les pâtes, le sucre, la viande, le pain, le beurre, le café, le fromage, le chocolat, tout était distribué sur présentation des coupons des cartes d'alimentation. Sans ces précieuses cartes, distribuées nominativement dans les mairies, personne ne pouvait survivre. Les clandestins recherchés par la police devaient acheter de fausses cartes d'alimentation, sous peine de mourir de faim. On ne vendait la viande chez le boucher que certains jours de la semaine. Le vin et l'alcool n'étaient pas servis tous les jours dans les cafés et les restaurants. Le pain était noir, immangeable. Les queues devant les magasins d'alimentation étaient interminables. Pour déjeuner au restaurant, il fallait donner des tickets.

Des moutons et des vaches en pleine ville

Les Françaises et les Français étaient divisés en catégories donnant droit à certaines denrées prioritairement selon l'âge et l'activité. Les « travailleurs de

Ce Parisien, soumis comme tout le monde au rationnement, élève des lapins chez lui, dans sa chambre. A Lyon, un corbeau se vend 10 F.

force » étaient avantagés comme les J1 et les J2 (les enfants et jeunes gens). Pour les adolescents (J3) le régime était aussi renforcé. Il était plus maigre pour les adultes et les vieillards, qui avaient cependant droit au chocolat fourré. Le lait écrémé était la règle, sauf pour les femmes enceintes. On distribuait aux enfants des écoles des bonbons et des gâteaux vitaminés, pour éviter les ravages de la tuberculose. Des restaurants communautaires accueillaient les indigents.

Les liens avec les familles restées à la campagne se resserraient. Les gens de la ville expédiaient leurs enfants en vacances chez les grands-mères, les tantes, les cousines, pour qu'ils mangent à leur faim. Le régime alimentaire était en effet moins contrôlé dans

Voiture équipée d'un gazogène, qui fonctionne au charbon de bois et permet de rouler, mais à des vitesses réduites. Les autobus marchaient au gaz de ville.

les zones rurales, et les agriculteurs gardaient dans leurs fermes certaines disponibilités en vivres. Les citadins leur rendaient visite à bicyclette, échangeant le tabac et les outils de la ville contre les précieux jambons ou fromages qui amélioraient l'ordinaire des familles.

Jusqu'en 1942, les navires d'Afrique arrivaient encore à Marseille où l'on déchargeait les régimes de bananes et les caisses d'oranges, ainsi que le café et les huiles. Ces arrivages étaient saisis, mais les docks de Marseille avaient des fuites, dont profitaient les revendeurs. Le « système D » organisait le troc des denrées. Les professeurs, les dentistes faisaient payer leurs services en nature. Les imprimeurs envoyaient dans les campagnes du papier huilé pour envelopper le beurre, recevant en échange les denrées de la campagne dont ils faisaient commerce. Le « marché noir » permettait aux trafiquants de s'enrichir. On pouvait se procurer n'importe quel produit en y mettant le prix. Le beurre se vendait sous le manteau 10 fois son prix, la viande 4 fois.

Les habitants de toutes les villes d'Europe s'étaient habitués à élever des volailles et des lapins sur leur balcon, parfois même des chèvres et des moutons. Quand ils démolirent, en 1942, le quartier du vieux port à Marseille, les Allemands eurent la surprise de trouver dans les caves des troupeaux de porcs, de moutons et même des vaches, élevés en pleine ville.

Les restaurants du marché noir, fort fréquentés par les Allemands, offraient à prix d'or les apéritifs anisés. Les riches faisaient la fête dans les nuits de Paris, au grand scandale des affamés qui ouvraient la portière des voitures au bal *Tabarin* ou au restaurant *la Tour d'Argent.* On connaissait aussi des bals clandestins (il était en principe interdit de danser) où les jeunes gens révoltés contre la guerre et la misère *swinguaient* sur des rythmes américains, les cheveux trop longs, vêtus de vestes, de pantalons serrés et de riches chaussures de cuir. Ces *zazous,* fort mal vus de la population, exprimaient à leur manière leur refus de la honte, comme ces intellectuels attablés devant les poêles à sciure du café de *Flore* ou des *Deux Magots,* qui écrivaient les premières œuvres de leur carrière, autour de Jean-Paul Sartre qui devait faire jouer pendant l'occupation *les Mouches.*

Les femmes se teignent les jambes

Les vêtements, les chaussures, les pneus de bicyclette étaient aussi rationnés. Il était difficile de posséder plus d'un costume. Les chemises et les vestes étaient en « ersatz » (tissus de remplacement), en fibres chimiques. Les chaussures étaient à semelle de bois, car l'occupant saisissait pour l'armée tout le cuir disponible en France. Pourtant jamais la mode n'avait été plus vivante, plus audacieuse : les femmes arboraient des chapeaux gigantesques, capelines de paille ou turbans de hauteur variable. La mode s'accommodait de la pénurie, et les femmes se teignaient les jambes pour donner l'illusion qu'elles portaient encore des bas de soie.

Les fermes manquaient de main-d'œuvre. Les Allemands accroissaient de mois en mois leurs demandes en denrées agricoles. Les paysans n'avaient plus

Malgré le manque de bons tissus, la mode reste très vivante. Les femmes portent des chapeaux gigantesques et pleins de fantaisie. Les maisons de haute couture continuent de présenter leurs collections.

On ne peut avoir du tabac, de la viande, du pain, du sucre que sur présentation de ces cartes de ravitaillement. Les Français faisaient la queue très tôt le matin pour obtenir quelquefois très peu de nourriture.

d'engrais et ceux qui possédaient des machines n'avaient plus de carburant. Les terres ensemencées étaient réduites et les rendements du sol très faibles. Malgré les efforts du régime en faveur de l'agriculture, ils ne pouvaient faire des miracles.

Les Français, en 1940, n'étaient pas assez nombreux dans les campagnes, mais ils faisaient la queue dans les bureaux d'emploi des villes pour trouver du travail. Les usines fermées avaient répandu le chômage. Les Allemands avaient commencé, dès l'été de 1940, de construire des fortifications sur les côtes françaises. L'organisation *Todt* recrutait en grand nombre de la main-d'œuvre. 1 000 000 de Français devaient y être engagés pour construire les casemates d'artillerie du cap Gris-Nez et les blockhaus bétonnés de la Manche, ainsi que les pistes d'aérodromes, les postes de commandement souterrains, les abris pour sous-marins. D'immenses chantiers attiraient les travailleurs et les Allemands n'hésitaient pas à surpayer les spécialistes pour les attirer dans l'organisation de

Les acheteurs allemands se sentent « chez eux » et, bien sûr, dévalisent les magasins où ils ont priorité sur la population parisienne.

A la demande de Laval, l'Allemagne qui manque de travailleurs dans ses usines promet de libérer des prisonniers contre l'envoi d'ouvriers. Le Gouvernement de Vichy appelle les jeunes Français à se porter volontaires pour travailler en Allemagne et aider ainsi à la libération des prisonniers.

l'ingénieur Todt qui avait construit, pour Hitler, les autoroutes d'Allemagne et la ligne Siegfried.

Mais si les Français avaient pris l'habitude de travailler en France pour les Allemands, ils étaient peu nombreux à prendre le chemin des usines allemandes qui recrutaient de la main-d'œuvre, malgré la propagande officielle.

Au début de 1941, il manquait à l'industrie allemande 1 200 000 travailleurs. En France, les grandes usines nationales, Renault, Michelin, Berliet, le Creusot, les poudreries, les mines, les industries chimiques, les usines d'avions travaillaient pour l'occupant. Les chars produits par Renault sur des modèles allemands allaient combattre en Russie ou en Afrique. Mais il y avait des excédents d'ouvriers dans les usines traditionnelles, qui tournaient au ralenti faute de matières premières. On avait donc recruté des volontaires pour partir en Allemagne. Ils étaient encore peu nombreux au début de 1942 : 130 000 Français seulement, 63 000 Danois, 122 000 Belges et 134 000 Néerlandais. Hitler en voulait beaucoup plus.

Obligés d'aller travailler en Allemagne

En mars 1942, le *Gauleiter* Fritz Sauckel est nommé responsable de la main-d'œuvre. Il a pour mission de fournir à tout prix les usines allemandes en travailleurs. Le ministre français Laval propose alors d'envoyer des ouvriers en échange de prisonniers libérés : ce système de la « relève » est accepté par les Allemands, mais traité en des termes très inégaux. Pour un prisonnier libéré, on exige l'envoi de trois ouvriers. Les candidats au départ sont rares. Il faut enlever de force les hommes et les femmes dans tous les territoires occupés. La police allemande se met à la chasse aux réfractaires.

La loi française du 4 septembre 1942 oblige en effet tous les hommes de 18 à 50 ans, les femmes de 21 à 35 ans à « effectuer tous les travaux que le gouvernement jugera utiles dans l'intérêt supérieur de la nation ». En novembre 1942, l'armée allemande envahit la zone libre. La police allemande sévit partout. Pourtant il n'y a encore que 240 000 ouvriers en Allemagne dont seulement 135 000 spécialistes. Le docteur Sauckel estime que ces chiffres sont trop faibles, il exige la création d'un service du travail obligatoire qui dure deux ans et touche tous les hommes nés entre 1920 et 1922. Les gendarmes et les gardes mobiles sont requis pour les obliger à partir. 250 000 hommes sont ainsi expédiés de force dans les usines allemandes. On multiplie les rafles dans les villes, on arrête même les hommes sur les pelouses des champs de courses, le dimanche, ou à la sortie des cinémas. Dans les départements de montagne, les

Vichy a fondé une Milice pour combattre les opposants, donc les résistants. Les miliciens sont ainsi conduits à collaborer avec les Allemands. On voit ici des miliciens en uniforme, coiffés du béret, portant l'insigne de la « francisque » au bras.

insoumis, les réfractaires se réfugient dans les premiers « maquis », non organisés, où ils survivent par bandes, cachés dans les fermes et dans les bois. Ils sont ainsi nombreux dans l'Isère et en Savoie, mais aussi dans la Corrèze. Échapper au service du travail obligatoire devient pour les jeunes gens de France un sport national.

646 000 sont cependant contraints d'aller travailler en Allemagne, dont 42 000 femmes. L'évêque de Concarneau proteste en vain contre le recrutement des jeunes ouvrières bretonnes. Ces travailleurs prétendument libres couchent dans des baraquements, parfois dans des navires désaffectés comme à Stettin, avec d'autres travailleurs venus de Russie, de Pologne, de Belgique, de toute l'Europe. Ils sont mal chauffés et mal nourris. Un sur dix rentre en France malade de tuberculose. Les médecins et les médicaments font défaut. On les fait travailler à tout ce qui se présente, sans souci de leur compétence professionnelle : un boulanger devient réparateur en moteurs Diesel, un comptable doit poser des rails.

Les Russes mangent du savon

Les prisonniers de guerre français sont également utilisés comme main-d'œuvre. Souvent transformés en travailleurs libres rémunérés, ils s'en accommodent. On estime à 2 500 000, en février 1944, la main-d'œuvre des prisonniers de guerre de tous les pays utilisés par les Allemands dans les campagnes, les chantiers, les mines, les usines. Plus de 1 000 000 de Français sont compris dans ce chiffre. 70 000 prisonniers réussissent à s'évader. Les autres sont sélectionnés dans les équipes de travail appelées *Kommando,* envoyés dans les usines automobiles, les cimenteries, les scieries. Il est interdit d'utiliser les prisonniers de guerre dans les usines d'armement mais les Allemands passent outre à cette réglementation. Beaucoup travaillent à la construction d'abris contre les bombardements et à l'évacuation des décombres après les raids alliés.

Les Russes sont les plus mal traités. Les Français les voient manger du savon ou du goudron enlevé aux toitures de leurs baraques, tant ils ont faim. Ils meurent en masse du typhus ou de la sous-alimentation. On les massacre quand ils tentent de s'enfuir. Les seuls prisonniers qui ne sont pas astreints au travail sont les officiers.

Les Allemands font aussi travailler les déportés, de plus en plus nombreux dans les 1 000 camps de concentration ouverts après 1941.

Plus le ravitaillement se fait rare, plus les queues se font longues aux portes des magasins d'alimentation (ici, à Paris, en juillet 1944). Pour maintenir le moral des populations, le gouvernement diffuse des affichettes comme celle-ci, à gauche.

La Gestapo et les premiers maquisards

À partir de novembre 1942, les Allemands, pour répliquer au débarquement allié en Afrique du Nord et pour occuper les rives de la Méditerranée, envahissent la zone Sud. Il n'y a plus de ligne de démarcation, toute la France est occupée par la *Wehrmacht* qui multiplie sur le territoire les patrouilles et les rafles. La police politique ou *Gestapo* installe des bureaux en province et poursuit les résistants, fait arrêter les réfractaires au service du travail obligatoire, monte des expéditions contre les premiers maquisards.

À Vichy, le maréchal Pétain ne dispose plus d'aucune liberté. Le gouvernement de Pierre Laval est au service de l'Allemagne, qui est maîtresse de toute la production agricole et industrielle française et ne relâche nullement les prisonniers : 90 000 seulement seront libérés au titre de la « relève ». Les autres restent dans les camps et sont utilisés comme travailleurs.

Plus de riz, plus de sucre

Les conditions de ravitaillement en France sont de plus en plus difficiles. Les Français mangent un pain noir distribué chichement, manquent de viande et de matières grasses. On mange des rutabagas et des topinambours, des navets et des choux-raves. La population scolaire est touchée par le manque de vitamines et de calcium. Les enfants sont souvent atteints de tuberculose ou de rachitisme. L'alcoolisme devient problématique, surtout dans les villes. Les

La Milice, uniforme bleu sombre et insigne en forme de gamma grecque, est créée en janvier 1943, aux ordres de Joseph Darnand, pour lutter aux côtés des Allemands contre la Résistance. De sinistre réputation, ses membres seront sévèrement châtiés à la Libération. Ici une unité de la Milice descend les Champs-Élysées.

convois venus d'Afrique du Nord n'existent plus. Les envois des colonies sont nuls. Désormais les Alliés tiennent les mers et coupent le ravitaillement des ports de Marseille et de Bordeaux. Plus de riz, ni d'agrumes, plus d'huile, ni de sucre. On boit un ersatz de café sucré à la saccharine, un produit chimique vendu par les Allemands.

Les fumeurs reçoivent de maigres distributions de cigarettes et plantent des feuilles de tabac sur leurs balcons, qu'ils font sécher en longues guirlandes. On élève en France comme en Allemagne des lapins et des poules dans les appartements urbains. Seuls les enfants des campagnes continuent à bénéficier d'une alimentation à peu près normale.

L'insécurité est grande dans les villes. Les populations des ports et des cités industrielles sont de plus en plus bombardées par l'aviation alliée. Les secours sont insuffisants, les sinistrés sont hébergés dans des centres

d'accueil misérables et se groupent par familles entières dans des logements exigus. Les enfants des écoles participent au dégagement des ruines, qui s'accumulent dans les quartiers bombardés. On évacue vers l'intérieur la population scolaire des ports les plus fréquemment attaqués. Les étudiants des facultés, les travailleurs de plus de 18 ans sont constamment sous la menace d'une rafle qui risque de les expédier en Allemagne. Beaucoup vivent en clandestins, avec de faux papiers, comme les familles juives réfugiées dans le Sud, qui placent leurs enfants, avec de faux certificats de baptême, dans les institutions religieuses qui les accueillent pour les dissimuler aux Allemands.

Un groupe de jeunes résistants prépare une opération dans le maquis. Ils sont réunis autour de leur chef, qui distribue des armes. La Résistance s'est organisée à Paris et en province à partir de 1940. Beaucoup de jeunes sont entrés dans les maquis à partir de 1943 pour fuir le travail obligatoire en Allemagne et échapper aux rafles. Cette « armée de l'ombre » mène une lutte incessante contre les Allemands.

Le gouvernement de Vichy a organisé en 1943 sa propre police politique pour traquer sur le territoire les opposants : ces miliciens, vêtus de bleu marine et coiffés d'un béret, obéissent à Joseph Darnand. Ils sont chargés de donner la chasse aux résistants et finissent par opérer avec les Allemands. La France de la zone libre, relativement protégée jusqu'en 1942, vit désormais dans un régime de surveillance.

Prendre le train : une aventure

Les familles sont séparées. Beaucoup ont un père, un mari, un frère prisonnier, déporté ou travailleur forcé en Allemagne. Certaines ont vu partir leurs enfants pour le maquis ou pour Londres ou l'Algérie. Les enfants sont fréquemment placés à la campagne, chez des parents qui les hébergent. Les trains sont pris d'assaut. Le chemin de fer est le seul moyen de déplacement, puisque les routes sont vides de véhicules civils, faute d'essence. Les gares surveillées par la police et par la *Gestapo,* les voyageurs sont constamment sous la menace d'une vérification d'identité ou d'une rafle. Pour éviter ces pièges, les voyageurs clandestins bénéficient heureusement des amitiés et des complicités des cheminots résistants, qui facilitent les sorties de gare. On a vu des enfants juifs voyager cachés dans le tender des locomotives où l'on remisait le charbon nécessaire au parcours.

Les voyages en chemin de fer sont de plus en plus dangereux. Les Allemands ajoutent des wagons occupés par des militaires aux convois civils. Quand les trains sont attaqués par les chasseurs-bombardiers anglais, ils s'arrêtent et les mitrailleuses antiaériennes montées sur plates-formes les attaquent. Les voyageurs doivent se cacher dans les fourrés qui bordent les voies pour échapper aux salves. Les déplacements sont interminables en raison des voies coupées. Il faut attendre qu'elles soient rétablies pour poursuivre le voyage. Prendre le train est au printemps de 1944 une aventure et cependant les citadins continuent à utiliser le chemin de fer pour trouver dans les campagnes le ravitaillement qui leur manque.

La police est vigilante, la *Gestapo* bien armée et partout présente. Les tractions avant Citroën noires, conduites par des hommes en imperméables sombres, surgissent souvent au coin des rues pour arrêter des clandestins.

Parmi les enfants de cette triste époque, certains vivent dans la crainte, dans l'incertitude, dans la faim et dans les alertes très fréquentes qui interrompent les classes des écoles et des lycées.

Des jeunes Parisiens évacués arrivent en gare de Lons-le-Saunier. Des enfants aux étudiants, les jeunes sont toujours menacés à cause des bombardements. Des alertes interrompent les classes. Les parents préfèrent confier leurs enfants à des amis ou des proches qui vivent en zone libre. Ou bien on les envoie à la campagne, parce qu'on peut mieux s'y nourrir.

LES CAMPS DE LA MORT ET LA RÉSISTANCE

1525
14268

LES CAMPS DE LA MORT ET LA RÉSISTANCE

En juin 1940, un général, peu connu, de Gaulle, part pour Londres. Il appelle par radio les Français à poursuivre la lutte. Jean Moulin, le lieutenant de vaisseau d'Étienne d'Orves, qui seront tués, sont des grandes figures de la Résistance. A partir de 1943, des maquis se forment, ravitaillés et armés par des parachutages, reliés à Londres par des radios transportables *(à gauche)*. Sur les murs, on voit apparaître la croix de Lorraine, symbole de la France libre. *Sur la page de droite,* Adolf Eichmann, responsable de la déportation et de l'extermination des juifs, organise la répression nazie : rafles n'épargnant ni femmes, ni enfants, trains où les déportés sont entassés et meurent comme du bétail, camps de concentration, fours crématoires où étaient brûlés les cadavres. Environ 10 millions de personnes (prisonniers politiques, juifs, minorités, résistants) sont mortes dans les camps par gazage, mauvais traitements, sous-alimentation, maladie. Des otages, des prisonniers sont exécutés, tels les jeunes Russes *(en haut, à droite)* ou ces Français, fusillés au mont Valérien *(en bas à gauche)*. Restera pour toujours le regard de ces jeunes juifs, sans espoir, dans leur uniforme, marqué de l'étoile de David.

Les camps de la mort ont été mis en place par les nazis dès leur prise de pouvoir. Dans un ouvrage, *Mein Kampf*, publié par Hitler, la « race » allemande était présentée comme une race supérieure qui devait réduire à l'obéissance les autres races d'hommes et éliminer les races considérées comme inférieures, les juifs, les Tziganes, les Slaves baptisés « sous-hommes ». Les camps étaient destinés à faire disparaître d'abord par le travail forcé, puis par l'anéantissement pur et simple ces « races inférieures », ainsi que les opposants à la politique du Reich.

On oblige donc les détenus à construire eux-mêmes les camps où ils subissent constamment de tels mauvais traitements que la plupart meurent à la tâche. Ils sont sous-alimentés, battus, torturés, pendus à la moindre révolte. Construits en marge des villes, ces camps sont tenus au secret, et la population ignore bien souvent l'existence des malheureux détenus. Pourtant, dès avant 1939, des émigrés allemands parlent, dénoncent, éveillent l'opinion internationale. La Croix-Rouge internationale cherche à intervenir. Les nazis organisent de véritables supercheries pour tromper les inspecteurs. On ne leur présente que des détenus heureux. Dachau, ouvert en 1933, compte déjà 22 000 prisonniers en 1940. Il en comptera 78 000 en 1944. La masse des malheureux travailleurs de force est décimée par les maladies épidémiques comme le typhus et par la sous-alimentation. Ravensbrück est ouvert en 1934, Sachsenhausen en 1936, Buchenwald en 1937, Flossenburg et Mauthausen en Autriche en 1938. On enferme pêle-mêle dans ces camps des prisonniers de droit commun et des politiques, militants socialistes et communistes ou syndicalistes, des juifs et des asociaux.

Une armée d'esclaves

Après le début de la guerre on construit sans cesse de nouveaux camps car les « ennemis du Reich » deviennent de plus en plus nombreux. Dans l'Europe occupée, on forme constamment des convois de détenus pour l'Allemagne, essentiellement de juifs, mais aussi de Slaves, de Russes et de Polonais, de Tziganes et de républicains espagnols. On construit des camps encore en Allemagne, dans les pays Baltes (Kaunas et Riga),

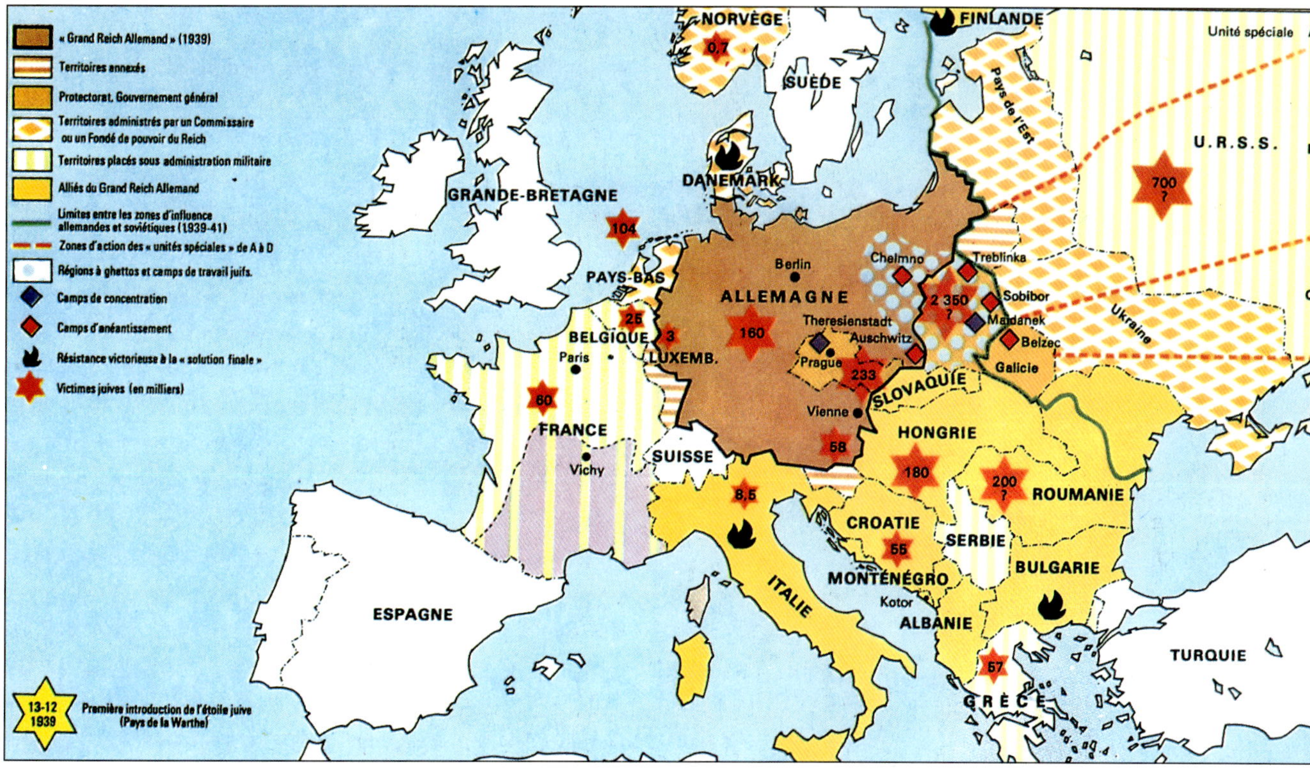

en Bohême et même en Alsace : Natzwiller-Struthof. On aménage à la hâte les camps d'Auschwitz, de Maidanek et Stutthof en Pologne, pour accueillir l'énorme masse des détenus. En décembre 1941 le maréchal Keitel déclare qu'il ordonne par le décret « Nuit et brouillard » la déportation dans les camps de toutes les personnes « hostiles aux armées du Reich ». De nombreux prêtres catholiques entrent dans cette catégorie, qu'ils viennent de Pologne ou de Lorraine, le père Riquet, le Corrézien Edmond Michelet en ont rencontré beaucoup à Dachau.

La vie dans ces camps de la mort est atroce : les

L'arrivée au camp d'Auschwitz-Birkenau. Les nazis ont organisé dans le plus grand secret de véritables camps de la mort, où les détenus sont traités comme des animaux. 1 500 000 juifs ont été tués à Auschwitz.

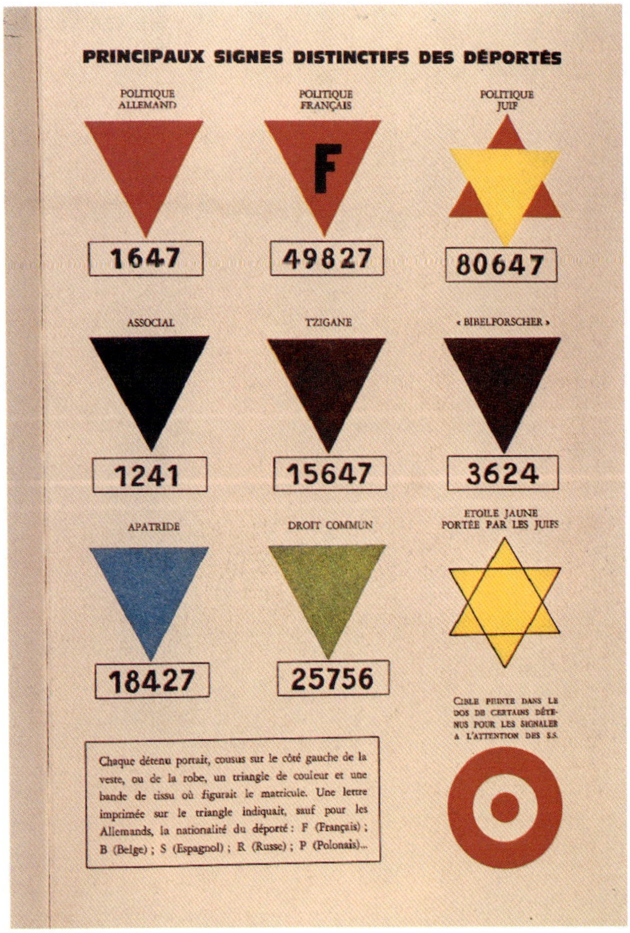

Les détenus portent des signes distinctifs suivant leur cas. Tous ont, cousu sur le côté gauche de leur veste, un triangle de couleur et une bande de tissu où figure chaque matricule.

Kapo, qui commandent et punissent les détenus, sont eux-mêmes des prisonniers choisis par les maîtres SS et responsables devant eux. Dans la population du camp, on distingue, par les marques particulières qu'ils portent sur leur habit rayé, les « triangles verts » (les prisonniers de droit commun enfermés là pour des crimes, des vols à main armée, des agressions de toutes sortes), les « triangles rouges » ou prisonniers politiques (des communistes ou des socialistes), les « triangles jaunes » (les juifs), les « triangles marron » (les Gitans et les asociaux) et les « triangles roses » (les homosexuels). Les *Kapo* ont un pouvoir de vie ou de mort sur les hommes. Ils peuvent envoyer les plus faibles dans les *Kommando* de travail les plus durs, et les expédier vers la mort. On appelle « musulmans » les détenus qui ne résistent pas aux travaux de force et qui sont promis, par la faiblesse de leur état physique, à une mort prochaine. Tous les détenus ont un numéro tatoué à l'avant-bras, indélébile. La mortalité dans les camps est considérable. On se débarrasse des cadavres des prisonniers en les brûlant dans de gigantesques fours crématoires. Tels sont les « camps de la mort ».

À partir de 1943, les détenus sont affectés à des travaux industriels. Une usine de caoutchouc synthétique, établie à Auschwitz, utilise des prisonniers. Une usine Krupp fait travailler 5 000 juifs du camp de Markstadt. Ceux de Flossenburg et de Mauthausen travaillent aux usines d'avions Messerschmitt et Heinkel. À Dora, les déportés travaillent aux « armes secrètes » VI et V2. Ils creusent le rocher du Harz pour y construire une usine souterraine, à l'épreuve des bombes d'avions.

Une armée d'esclaves est ainsi constituée et les plus faibles sont aussitôt éliminés. Les camps de la mort ne font pas grâce.

Soumis à des travaux de force impitoyables, les déportés vivent dans des conditions d'hygiène et d'alimentation qui les font souvent mourir d'épuisement.

A leur arrivée à Auschwitz, la foule des prisonniers est prise en main par les SS. Les hommes sont habillés de pyjamas rayés. Les familles sont brutalement séparées. On voit au premier plan de vieilles femmes et de jeunes mères qui portent leur enfant dans les bras. Tous se demandent avec angoisse quel destin les attend.

Ils décident de tuer les juifs

Les détenus viennent de tous les pays de l'Europe occupée. Ils sont rassemblés par milliers dans des camps comme celui de Drancy en France, entassés dans des wagons à bestiaux puis acheminés vers les camps d'Allemagne, bientôt surtout d'Europe centrale et de Pologne. Pas de nourriture ni de boissons dans les convois, il ne s'agit pas de ménager les hommes, mais de les avilir. Hébétés, exténués, affamés, ils sont débarqués sur des quais où les SS les « trient » à coups de *Schlag* (matraque). Ceux qui sont reconnus aptes au travail sont mis à part, les autres sont dirigés vers les zones de mort, du moins dans les camps réservés aux juifs. On sépare les familles, on arrache les enfants à leurs mères, on frappe les vieillards.

À leur arrivée au camp, les prisonniers sont tondus, épouillés, douchés à l'eau glacée. Fréquemment ce traitement provoque des morts subites. Revêtus de la tenue rayée en toile grossière, les détenus perdent toute identité, ils sont un numéro, plus un nom. À la moindre injonction des gardiens, ils doivent hurler leur numéro d'identification, ils sont entassés par centaines dans des baraquements et couchent sur des châssis de bois superposés, sans protection contre le froid très vif de l'hiver d'Europe centrale. Très mal nourris, ils sont employés aux travaux les plus durs et condamnés à la moindre faiblesse. Les SS font achever ceux qui flanchent. À Mauthausen, ils appellent les « parachutistes » ceux qu'ils précipitent du haut d'une falaise, parce qu'ils ne sont plus en état de travailler. Les « musulmans », quand ils décèdent dans les « infirmeries » sans médecins ni remèdes, sont jetés dans la chaux vive de la fosse commune quand le camp ne possède pas de four crématoire.

Les détenus sont si nombreux que les nazis étudient les possibilités d'extermination massive. Ils ont déjà réalisé des expériences sur les gaz asphyxiants qui leur ont valu les protestations indignées des autorités religieuses d'Allemagne avant la guerre. Leurs victimes étaient les enfants anormaux, gazés dans des cliniques interdites au public.

La décision d'exterminer les juifs d'Europe par les voies les plus rapides a été prise par Hitler et les chefs nazis à la fin de 1941. Elle fait suite au début de l'extermination des juifs de Pologne et de Russie. Quatre groupes spéciaux d'intervention avaient été dépêchés après l'attaque allemande sur les territoires russes pour exterminer les communistes, les commissaires politiques nommés par Staline et les juifs. Les SS étaient aidés sur place par des Ukrainiens qui haïssaient les juifs. En Allemagne même, dès avant la guerre, les nazis persécutaient les juifs. Ils étaient depuis 1941 obligés de porter l'étoile jaune, ils n'avaient pas droit aux abris pendant les bombardements, ils étaient chassés des magasins réservés aux non-juifs et ne devaient posséder chez eux ni radio ni téléphone. À partir du 23 octobre 1941, l'émigration était interdite aux juifs allemands. Ils furent arrêtés et déportés.

Le 29 novembre 1941, les nazis spécialistes de la question juive sont invités à une conférence à Wannsee près de Berlin. Il est décidé de déporter tous les juifs d'Europe vers l'est, pour les liquider collectivement. On ne parle pas d'« extermination » mais de « solution finale ». Il est recommandé de garder un secret absolu pour éviter toute opposition, notamment des autorités religieuses. On décide de construire des camps spéciaux d'extermination sur les terres glacées de Pologne et en Russie occupée.

75 000 juifs de France morts dans les camps

Les premières expériences portent sur des camions à gaz toxiques où l'on enferme les condamnés. Ces camions sont essayés avec des prisonniers russes au camp de Sachsenhausen dès l'automne de 1941, près d'un four crématoire. De nouveaux camions sont construits et expédiés en Russie où les juifs sont au nombre de 1 500 000. Certains sont affectés au camp de Chelmno et à Lublin pour exécuter les détenus de la prison. 5 000 Tziganes sont gazés à Chelmno, ainsi que des Polonais et des prisonniers de guerre.

Les juifs sont fichés à la préfecture de police de Paris.

Le camp de Sachsenhausen sera l'un des premiers camps de concentration. Des prisonniers russes y seront enfermés dans des camions à gaz toxiques. On voit ici des détenus au travail.

Le chef des SS Heinrich Himmler (le second personnage en uniforme nazi à partir de la gauche) *visite un camp de concentration. Il s'entretient avec l'un d'eux. On a pris soin de ne lui présenter que des détenus en bonne santé.*

On construit de nouveaux camps, spécialisés dans le gazage. Des installations fixes permettent d'utiliser les gaz asphyxiants pour tuer dans un minimum de temps. Belzec, Sobibor, Treblinka sont construits à cette fin. On aménage les camps d'Auschwitz et de Lublin-Maidanek. On estime de 5 à 6 000 000 le nombre de juifs morts dans les camps.

Tous les pays occupés par les Allemands sont contraints de livrer leurs juifs. Seul le roi de Danemark parvient à évacuer les siens vers la Suède. Des camions à gaz existent en Yougoslavie. Le responsable de l'Holocauste, le chef nazi Eichmann, obtient aussi la déportation des juifs de la Hongrie alliée de l'Allemagne, qui sont gazés à raison de 400 000 à la fin de 1944. Les juifs de Rome sont déportés par les SS ainsi que ceux de Roumanie. 42 000 juifs sont restés en Belgique, n'ayant pu s'enfuir vers la France. Ils sont rassemblés dans les camps de Breendonk et de Malines. Ni le roi et la reine ni les autorités religieuses ne peuvent s'opposer aux déportations : d'août 1943 à juillet 1944, 26 convois conduisent à Auschwitz 25 000 juifs du camp de Malines : 10 832 hommes, 9 987 femmes et 4 363 enfants. Très rares sont ceux qui en réchappent.

En France, le nazi Dannecker obtient la collaboration de la police française pour recenser et arrêter les juifs. Ils sont d'abord internés dans les camps français de Drancy, de Pithiviers, de Compiègne et de Beaune-la-Rolande. En mars 1942, les premiers convois arrivent à Auschwitz. En juillet 1942, le chef nazi Eichmann vient lui-même en France pour organiser les départs. Les 16 et 17 juillet 1942, 3 000 policiers participent à la grande rafle parisienne qui doit rassembler 27 000 juifs de Paris et de sa banlieue dans le camp de Drancy et au Vélodrome d'Hiver. 50 autobus de la Compagnie du métropolitain participent à l'opération. On ne trouve que 13 000 juifs (y compris les enfants). Les policiers ont laissé échapper un grand nombre d'entre eux. À Lyon, le révérend père Chaillet se bat pour arracher aux nazis les enfants arrêtés en zone libre. Il ne peut malheureusement pas les sauver tous. Une grande rafle en zone Sud permet d'arrêter plus de 6 000 futures victimes. On estime à 75 000 le nombre des victimes de l'Holocauste pour la France seule.

On récupère cheveux et dents en or

Ni la Croix-Rouge, ni le pape, ni les Alliés ne réussissent à sauver les juifs du massacre. Les échanges proposés par les Allemands contre du matériel militaire ou de l'argent ne sont pas acceptés. Les convois se dirigeant vers l'Allemagne sont rarement attaqués. Les

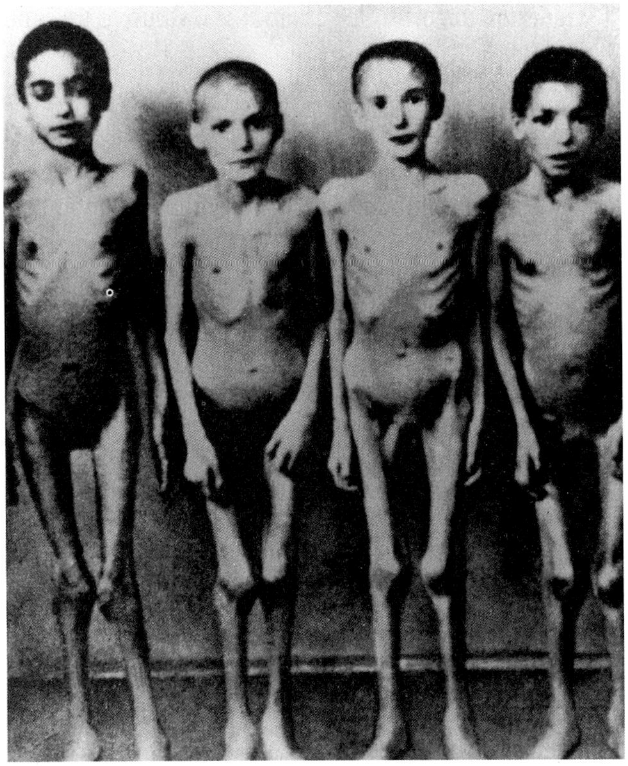

Ces quatre enfants réduits à l'état de cadavres ont subi les expériences médicales cruelles que le docteur Mengele, surnommé « l'ange de la mort », infligeait aux juifs et aux Tziganes.

juifs ne peuvent compter que sur eux-mêmes. Ceux de Sobibor ont le courage de se révolter en octobre 1943. 300 d'entre eux tuent 9 SS et réussissent à prendre le large. Ils sont tous rattrapés et exécutés. Ceux des ghettos de Cracovie, de Bialystok et de Treblinka tentent à leur tour des révoltes, qui sont aussitôt brisées par les mitrailleuses des SS. La résistance la plus efficace est celle du ghetto de Varsovie qui tient tête aux troupes SS du général Stroop de janvier à mai 1943. Tous les juifs finissent par être massacrés ou déportés. On ne dira jamais assez l'horreur des chambres à gaz : maquillées en salles de douche, elles n'éveillent pas d'abord la méfiance des détenus qui se dépouillent de leurs vêtements et entrent nus sur les lieux de l'exécution. Les portes une fois fermées, on envoie les gaz, et les SS surveillent le spectacle sinistre par des lucarnes spécialement aménagées. Quand aucun signe de vie ne se manifeste plus, on ouvre les portes pour faire évacuer les corps par d'autres détenus, chargés de cette macabre besogne avant d'être eux-mêmes exécutés. D'autres prisonniers récupèrent les lunettes des morts, leurs dents en or, leurs alliances. Les cheveux sont tondus et conservés pour l'industrie du feutre et de la graisse. Certains détenus sont réservés aux médecins nazis qui pratiquent sur eux d'atroces expériences. Ils leur font subir, par exemple, des tests de résistance au froid ou leur injectent des microbes pour étudier la résistance des organismes. Cette médecine criminelle est pratiquée par des spécialistes qui tirent avantage de leurs prétendues découvertes. Ainsi les nazis, « race supérieure », traitaient-ils ceux qu'ils s'estimaient en droit de faire disparaître. Ce monstrueux holocauste a laissé des traces indélébiles dans la mémoire des hommes.

La population des pays d'Europe ignore pendant la guerre l'existence des camps d'extermination. Mais elle a entendu parler des camps de concentration, et elle subit quotidiennement le régime d'exploitation et de terreur imposé par les nazis. Les mouvements de résistance, d'abord timides, se développent rapidement à partir de 1941.

Les montagnes et les grottes, refuges des maquisards

La résistance commence spontanément en Grèce, quand les Allemands prennent possession d'Athènes et la *Gestapo* de l'hôtel du roi Georges. Les étudiants ne supportent pas le drapeau à croix gammée hissé sur l'Acropole, ils l'arrachent et le brûlent. Dans les campagnes, les paysans refusent de livrer leurs récoltes à l'armée allemande d'occupation. La colère des Grecs est à son comble quand ils doivent enterrer, pendant le terrible hiver 1941-1942, les morts de faim sur des brouettes devant les autorités d'occupation qui pillent les magasins et se prélassent dans les hôtels de luxe. Les officiers de l'armée, qui n'ont pas été vaincus par les Italiens, constituent les premiers réseaux. Ils ne s'entendent pas avec les communistes, qui tiennent bientôt les montagnes. Leurs partisans appelés *andartes* se regroupent dans des maquis redoutés par les armées d'occupation. On compte, en octobre 1943, 23 000 *andartes* armés jusqu'aux dents et qui tiennent toutes les montagnes de Grèce pendant que dans les villes la *Gestapo* fait régner la terreur.

En Yougoslavie, la résistance est tout aussi active : dès le 4 juillet 1941, l'insurrection générale est proclamée en Yougoslavie. Les premiers maquisards, fidèles au roi Pierre et composés de partisans appelés *tchetniks*, tenaient les montagnes et recevaient des armes anglaises. L'entrée en guerre des Allemands contre les Soviétiques favorise la création, autour d'un chef nommé Tito, de très nombreux maquis communistes qui tiennent bientôt les montagnes, attaquant les Italiens pour leur prendre leurs armes.

Les Yougoslaves ne s'entendent pas entre eux, et les *tchetniks*, soutenus par Churchill, affrontent les partisans de Tito aidés par Staline. Les Allemands pratiquent dans le pays une répression atroce, massacrant toute la population mâle des villages. Tito l'insaisissable se cache le jour dans les grottes. Il n'hésite pas à faire massacrer ses adversaires politiques et à attaquer les Serbes amis du roi. Tout le pays est à feu et à sang quand les Allemands envoient 5 divisions pour en finir avec la résistance yougoslave.

Entassés dans leur cellule, privés d'hygiène, de nourriture, les détenus du camp de Dachau sont couchés sur des planches, enroulés dans de pauvres couvertures, avec leur gamelle en guise d'oreiller.

Ils ne peuvent y parvenir, car Tito et ses partisans s'enfuient dans les montagnes inaccessibles, où nul ne peut les atteindre. Mais les Allemands répandent la terreur sur leur route et massacrent de nombreux civils. Churchill finit par s'entendre avec Tito, qui consent à le rencontrer en 1944. Avec l'accord de Staline, Tito a promis de ne pas installer un régime communiste dans la Yougoslavie libérée. Dans ce pays de 16 000 000 d'habitants, on compte 1 700 000 victimes de la guerre civile et de la terreur nazie. Les Grecs ont perdu 1 000 000 d'habitants sur 7 000 000.

Les maquis communistes sont dominants en Yougoslavie et en Grèce. En Russie, il y a aussi des maquis. Ils sont les seuls à opérer derrière les lignes allemandes. Les partisans, qui attaquent sans répit les lignes de communication de la *Wehrmacht,* sont recrutés par les commissaires politiques. La résistance russe est officielle, solidement tenue en main par le Parti. Elle accomplit un travail considérable de destruction. Les résistants russes sont la partie cachée de l'armée Rouge qui oblige les Allemands à lever et à former des unités spéciales de répression et de lutte antiterroriste. Mais il y a des Russes tellement anticommunistes qu'ils s'allient aux Allemands, 500 000 environ porteront l'uniforme de la *Wehrmacht* et se battront contre les résistants de l'Europe de l'Ouest, notamment en France. Quand l'armée Rouge réoccupera les territoires envahis, des délégués venus de Moscou s'installeront dans les villages et organiseront la chasse aux traîtres. Ils reprendront en main la population du Caucase et de l'Ukraine par la terreur.

Un jeune de 17 ans décapité en Alsace

Même dans l'Allemagne nazie, il y a des résistants. Mais leur action est vouée à l'échec. Hitler a survécu à de multiples tentatives d'assassinats. La *Gestapo* a réussi à supprimer tous les réseaux de renseignements communistes et à démanteler le réseau des étudiants catholiques de Munich. Le 20 juillet 1944, le colonel von Stauffenberg réussit à déposer une bombe presque aux pieds d'Hitler pendant une conférence. Hitler échappe miraculeusement à la mort. Il y a une terrible répression. À aucun moment la résistance allemande ne met en danger le nazisme. Les prêtres et les pasteurs opposants sont depuis longtemps déportés, comme les chefs politiques et syndicaux. Il en est de même en Italie jusqu'en 1943. Mais la chute de Mussolini et l'occupation du pays par les Allemands favorisent dans les montagnes du Nord la création de maquis opérationnels à partir de 1943.

Exécution d'un résistant accusé d'avoir saboté des lignes téléphoniques reliant les états-majors ennemis en 1941.

Les Allemands informent la population parisienne en affichant sur les murs cet avis d'exécution. Les occupants cherchent ainsi à faire régner la peur.

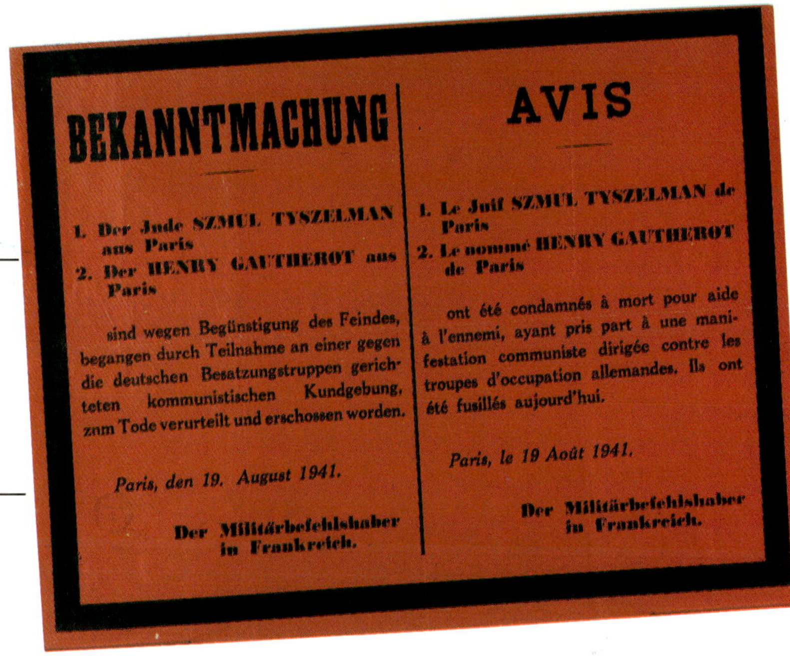

BEKANNTMACHUNG	AVIS
1. Der Jude SZMUL TYSZELMAN aus Paris	1. Le Juif SZMUL TYSZELMAN de Paris
2. Der HENRY GAUTHEROT aus Paris	2. Le nommé HENRY GAUTHEROT de Paris
sind wegen Begünstigung des Feindes, begangen durch Teilnahme an einer gegen die deutschen Besatzungstruppen gerichteten kommunistischen Kundgebung, zum Tode verurteilt und erschossen worden.	ont été condamnés à mort pour aide à l'ennemi, ayant pris part à une manifestation communiste dirigée contre les troupes d'occupation allemandes. Ils ont été fusillés aujourd'hui.
Paris, den 19. August 1941.	Paris, le 19 Août 1941.
Der Militärbefehlshaber in Frankreich.	Der Militärbefehlshaber in Frankreich.

Buchenwald. Les troupes alliées qui viennent de libérer le camp découvrent les cadavres des détenus morts à la suite de mauvais traitements ou d'épidémies.

En Belgique, en Hollande, en Norvège, les réseaux de résistance s'organisent et renseignent les Alliés sur les positions de l'armée, de l'aviation, de la marine allemandes. Le service de renseignements britannique *(Intelligence Service)* a organisé très vite ses réseaux d'espionnage et de propagande. Dans toute l'Europe occupée, des bonnes volontés se lèvent pour lutter contre l'occupant.

En France, de Gaulle est, dès le 18 juin 1940, le pôle majeur de la Résistance. Parlant au micro de la BBC (la radio de Londres, qui émet quotidiennement des émissions en français), il garde un contact avec la France où foisonnent bientôt les agents de renseignements. Une poignée de Français libres l'ont rejoint à Londres, lui permettant de constituer les premiers groupes de Français combattants. De tout l'empire et du monde entier, il a reçu les ralliements individuels les plus inattendus qui lui ont permis d'envisager et de réussir la « libération » de territoires d'Afrique noire, qui, il est vrai, n'étaient pas occupés. Il a créé l'ordre de la Libération pour les courageux Français qui, les premiers, l'ont suivi dans son exil. Par la radio, il correspond avec le pays en utilisant des signes de reconnaissance. Par exemple, pour la fête de Jeanne d'Arc, en mai 1941, il demande à tous les Français de se trouver « sur les promenades publiques » des villes et des villages. Sans former de cortège, sans manifester, dans le silence absolu.

De Gaulle ne reste pas sans cesse à Londres. Il voyage dans l'empire, de Douala au Cameroun à Fort-Lamy au Tchad ou à Brazzaville au Congo. Il constitue avec ses fidèles un « Conseil national français exécutif » de 8 membres et tente de se faire reconnaître par tous les Alliés. Il a besoin, pour accroître son autorité, d'être réellement le chef d'une résistance intérieure active, et d'une armée de Français libres opérationnelle. La belle conduite des compagnons de Kœnig en Libye, celle de Leclerc au Fezzan sont de précieux encouragements. Les progrès de la résistance intérieure sont décisifs.

Même en Alsace et en Lorraine, devenues terres allemandes malgré elles, la résistance se manifeste dès septembre 1940. En novembre, on annonce le premier attentat contre le *Gauleiter* Wagner. Le « terroriste », un jeune homme de 17 ans, est décapité à la hache pour l'exemple. Ceux qui aident les prisonniers à s'évader sont enfermés au camp de Schirmeck. À partir de 1941, on interne des résistants au camp de la mort de Struthof. Des jeunes gens refusent en 1942 le service militaire allemand. Ceux qui sont arrêtés sont condamnés à mort et exécutés sur-le-champ. Une quinzaine de jeunes gens, déserteurs de l'armée allemande, sont appréhendés à la frontière suisse par la *Gestapo* et aussitôt fusillés. On compte, pour 200 000 mobilisés, 40 000 défaillants, futures troupes de la Résistance.

Jean Moulin parachuté dans les Alpilles

Les paysans de l'Ain, des Ardennes, de la Meuse et des Vosges, du Jura et de Belfort deviennent des passeurs qui acheminent, par exemple, de Lorraine ou des Ardennes jusqu'à la zone Sud tous ceux qui sont poursuivis par l'ennemi, juifs, intellectuels, politiques, syndicalistes. Pour se rendre de Metz à Marseille, il faut en effet en 1941 franchir trois frontières : celle du Reich, qui englobe la Lorraine, la « ligne Hitler » qui court le long de la « zone interdite » du nord et de l'est, enfin la ligne de démarcation, de l'Atlantique à la Suisse à travers les pays de Loire, la Bourgogne et le Jura. Les passeurs, nombreux le long des « lignes », sont les premiers résistants. Ils aident tout particulièrement les prisonniers évadés et les agents de renseignements poursuivis.

Ceux-ci sont déjà nombreux dans les départements du Nord, de Normandie et de l'Atlantique, équipés de postes radio et d'explosifs par les Britanniques. Les Français libres, à Londres, constituent leurs propres réseaux comme *Confrérie Notre-Dame* du colonel Rémy ou *Alliance*.

En 1941, la Résistance a pris de l'ampleur. On ne se préoccupe plus seulement de renseignements mais de propagande et d'action sur l'ennemi. De grands réseaux se sont constitués dans toute la France. Dans la zone Nord, occupée par l'ennemi, l'*Organisation civile et militaire* dirigée par Claudius Petit, Blocq-Mascart et le colonel Heurteaux voisine avec *Ceux de la Résistance* et *Libération-Nord* dirigée par Pineau. On édite des journaux clandestins, on monte les premières actions de sabotage. Dans la zone libre du Sud, d'autres réseaux se sont constitués : *Franc-Tireur* de Jean-Pierre Lévy, *Libération* d'Emmanuel d'Astier de La Vigerie, *Combat* de Claude Bourdet,

Guillain de Bénouville, Jacques Renouvin et Henri Frenay. Les communistes ont leur propre organisation, ils font circuler, dès 1940, des tracts et des journaux clandestins. Ils organisent des manifestations dans les usines et des grèves. Mais les communistes n'entreront officiellement dans la Résistance que lorsque l'Allemagne aura attaqué la Russie en juin 1941. Ne l'oubliez pas, jusque-là il y avait une entente entre la Russie et les Allemands. Les groupes terroristes ou bataillons de la Jeunesse du parti communiste, engagé dans l'action directe après l'invasion de l'Union soviétique par l'Allemagne, réussissent leur premier attentat le 21 août 1941 : ce jour-là, un officier de la *Kriegsmarine* est abattu sur le quai de la station de métro Barbès-Rochechouart par Pierre Georges, le futur « colonel Fabien ». C'est à partir de ce moment-là que les Allemands prendront des otages pour se venger.

De Gaulle a prononcé, le 23 juin 1942, à Londres un discours-programme où il a promis l'élection, dès la Libération, d'une Assemblée nationale garantissant aux Français la « sécurité sociale ». Des hommes politiques de toutes les tendances se sont groupés à Londres autour de lui. Des avions *Lysander* sont venus les chercher en France sur des aérodromes clandestins éclairés de nuit par les torches des résistants. Pour unifier en France tous les mouvements de résistance, de Gaulle a fait parachuter dans les Alpilles, le 1er janvier 1943, un envoyé spécial, l'ancien préfet Jean Moulin. Il fait accepter par tous la création d'une armée secrète dont le chef est le général Delestraint, nommé par Londres. La Résistance française donne désormais l'image d'un mouvement unifié.

La Résistance est très active dans les Alpes. Le dessin montre un repaire de maquisards, gardé par des sentinelles. Des hommes montent de la vallée pour les approvisionner. Les maquisards vivent sous la tente. Au centre du groupe assis à droite, l'un d'eux communique avec l'extérieur par une radio clandestine.

De Gaulle passe des troupes en revue en Afrique du Nord, accompagné de son rival malheureux le général Giraud. Le président américain Roosevelt qui détestait le général de Gaulle chercha sans y parvenir à l'éliminer au profit de Giraud.

Le général Leclerc s'entretient avec les servants d'un canon anti-aérien. Les troupes de la 2e DB sont alors cantonnées au Maroc. Elles arriveront en France au début de juillet 1944.

De Gaulle élimine son concurrent

La *Gestapo* frappe fort et, dans la région lyonnaise, le SS Barbie arrête à la fois Jean Moulin et le général Delestraint. L'un meurt sous la torture, l'autre en déportation. La Résistance est décapitée, les réseaux démantelés. D'autres chefs sont nommés, les filières se reconstituent. L'activité de renseignement et de sabotage reprend.

À Alger, où les Américains ont débarqué en novembre 1942, de Gaulle s'est enfin installé. Mais il est en rivalité avec un autre général, Giraud, évadé d'Allemagne et imposé par Roosevelt. Ils seront tous les deux reconnus comme chefs de la France combattante. Giraud est spécialement chargé des questions militaires. Cela permet à de Gaulle, fort de l'appui du *Conseil national de la Résistance* (CNR), d'installer à Alger des institutions provisoires, un *Comité français de libération nationale* et une assemblée consultative formée d'hommes politiques venus de France. Le Comité gaulliste est reconnu par 37 pays, mais toujours pas par les États-Unis. Cela n'empêche pas de Gaulle de nommer des ambassadeurs, des ministres appelés « commissaires », des généraux pour l'armée qui se constitue en Afrique du Nord et de négocier avec les Alliés comme chef d'un État résistant. D'autant plus qu'il a éliminé le général Giraud pour demeurer le seul chef.

De nombreux jeunes gens, fuyant la France occupée, passent la frontière espagnole pour rallier de Gaulle en Algérie. Ils sont internés dans des camps sinistres, comme celui de Miranda, avant d'être libérés sur les instances des Alliés. Les anciens aviateurs, ou élèves pilotes, sont particulièrement recherchés. Les Français sont déjà nombreux dans les escadrilles de la *Royal Air Force.* Ils constituent bientôt, sur matériel américain, de nouvelles escadrilles où les anciens des Forces françaises aériennes libres fusionnent avec les nouvelles recrues pour former des unités de chasse et de bombardement intégrées au commandement allié. On récupère pareillement les navires ancrés aux Antilles, en Afrique, à Alexandrie, pour constituer une nouvelle flotte. Marins et aviateurs se couvriront de gloire sur l'Atlantique et la Méditerranée. Un Maridor, un Wedj et un Clostermann seront les nouveaux « as » de cette guerre. Un Mendès France sera navigateur sur le groupe *Lorraine*, avec le capitaine Charles Christienne. La fusion des troupes françaises est aussi réalisée dans l'armée : aux côtés des troupes mobilisées en Afrique du Nord combattront les anciens des Forces françaises libres qui ont combattu en Libye, en Afrique, en Tunisie. Leclerc formera ainsi, au Maroc, sa 2e division blindée, équipée de matériel américain.

Aux Glières : tous les prisonniers sont tués

En France cependant, les réfractaires au STO sont autant de combattants volontaires qui se pressent dans les maquis. Les maquis se sont constitués spontanément en Bretagne, dans les Alpes et le Massif central, le Jura et l'Ain, les Vosges et la Bourgogne, les Pyrénées et l'Aquitaine : 134 000 hommes ont déjà pris le maquis dans la zone occupée en 1943 et 115 000 dans la zone Sud. Les Allemands lancent contre les maquis de puissantes opérations. En mars 1944, ils attaquent avec 12 000 combattants les Glières dans les Alpes. Ils exécutent tous les prisonniers. La Résistance accroît pourtant ses activités de sabotage, grâce à la réception sur des terrains préparés du matériel parachuté par les Alliés. Pour coordonner ces actions qui deviennent de plus en plus militaires et liées aux futures opérations de débarquement, le général de Gaulle fait admettre par les Alliés la création des *Forces françaises de l'Intérieur* dirigées par le général Kœnig.

Ainsi tout est prêt au début de 1944, non seulement pour le débarquement des Alliés en France, mais pour la libération du pays. Des commissaires désignés par le comité gaulliste d'Alger sont en contact avec les chefs des mouvements de résistance. De Gaulle prétend imposer aux Alliés une administration française sur les territoires libérés et prépare longuement cette implantation de nouveaux fonctionnaires. Une autre France est en place avant que les Alliés ne débarquent, en juin 1944, sur les plages de Normandie. La Résistance et ses martyrs, les Forces françaises libres dans leurs combats difficiles ont permis à la France d'éviter, comme en Grèce ou en Yougoslavie, la guerre civile en forçant les Alliés à reconnaître de Gaulle comme la seule personnalité pouvant prétendre légitimement rassembler les Français dans une nouvelle République, qui sera légalement et régulièrement constituée après la guerre, quand les citoyens français pourront enfin voter.

Au camp des Glières, haut lieu de la Résistance, un parachutage d'armes et de ravitaillement. Les maquisards des Glières tiendront tête de longs mois aux Allemands avant d'être abattus.

LA MÉDITERRANÉE

Vanni Tealdi

LA MÉDITERRANÉE

Le dessin de la page précédente représente hommes et moments de la guerre qui se déroule autour de la mer Méditerranée : Mussolini, le Duce — le Chef, en italien — *(en haut à gauche)*, dans son uniforme de chef des armées, fait face à une escadrille de Fairey Swordfish, avions torpilleurs. L'empereur d'Éthiopie, Hailé Sélassié Ier se prépare à rentrer dans son pays, tandis que le général anglais, Montgomery, avec son célèbre béret couvert d'insignes, guette l'arrivée de Leclerc, reconnaissable à son képi. *En haut à droite,* derrière l'amiral Darlan, un bateau français se saborde à Toulon. La population d'Afrique du Nord accueille les généraux Giraud et de Gaulle (juin 1943).
Un soldat anglais fait prisonnier l'équipage d'un char allemand Mark IV à El-Alamein (octobre 1942), en Égypte, grande victoire anglaise. Pourtant, le général allemand Rommel *(en bas à gauche)*, avait mené une brillante campagne, avec son matériel débarqué à Tripoli et ses troupes lancées dans le désert. Un soldat allemand observe avec une « binoculaire » d'artillerie et des servants de mitrailleuse MG 34, combattant aux côtés d'Italiens portant le casque colonial orné de plumes de coq. La campagne d'Afrique du Nord s'achève en mai 1943, après que le fantassin britannique armé ici d'un pistolet-mitrailleur Thompson, aura reçu le renfort des Américains débarqués sur les côtes du Maroc et d'Algérie et aussi des unités françaises d'Afrique du Nord.

Les flottes de guerre de la France, de l'Italie et de la Grande-Bretagne se surveillaient jalousement en Méditerranée, en 1939. La défaite de la France avait neutralisé la flotte française, qui ne devait pas quitter ses ports. Seules les marines italienne et britannique s'opposaient désormais en Méditerranée.

Mussolini a fait construire des navires modernes et performants. La marine italienne est plus moderne que la *Royal Navy* dont les bases de Gibraltar, de Malte et d'Alexandrie en Égypte tiennent, d'ouest en est, la Méditerranée. Les navires de Sa Majesté britannique ont toutefois de plus en plus de mal à franchir sans encombre le détroit de Messine : la base italienne de Tarente menace leurs communications avec l'Égypte. Les convois ont pris l'habitude d'éviter la Méditerranée et d'emprunter la vieille route maritime des Indes à Londres par le cap de Bonne-Espérance, au sud de l'Afrique. Les sous-marins italiens sont trop menaçants pour la ligne directe de Gibraltar au canal de Suez. *(Je vous conseille, pour comprendre ce chapitre, qui est compliqué, de bien regarder la carte.)*

Churchill, pour conserver intacte la route maritime de l'Ouest africain, monte avec de Gaulle, qui croyait que toute l'Afrique se rallierait à la France libre, une attaque contre Dakar. Ils ne parviennent pas à s'emparer de la capitale du Sénégal, où le gouverneur Boisson défend la ville au nom du gouvernement de Vichy, et fait tirer sur les Anglais et les gaullistes. Mais l'Afrique-Équatoriale est libérée : Leclerc s'empare de Douala et Boislambert de Yaoundé au Cameroun. Larminat se rend maître du Congo pendant que le gouverneur Éboué fait acclamer de Gaulle au Tchad. De Gaulle, lui-même, intervient au Gabon et crée à Brazzaville, au Congo, un Conseil de défense de l'empire : l'Afrique-Équatoriale française entre dans la guerre aux côtés des Alliés.

80 000 Anglais contre 200 000 Italiens

Mais le nord-est de l'Afrique est à la merci des entreprises italiennes : Mussolini veut s'emparer du canal de Suez et de la mer Rouge. Il est maître de la

La marine italienne était chargée de protéger des convois d'armes destinés à ravitailler les troupes allemandes et italiennes en Libye. Cuirassé italien de la classe Giulio Cesare (armé de 10 canons de 320 mm), participant à l'escorte d'un convoi (mars 1943).

Somalie italienne, de l'Éthiopie et de la Libye. Il menace de couper le grand axe de communication nord-sud des Anglais, du Caire en Égypte au Cap en Afrique du Sud. Churchill, pour tenir cet axe, doit rester maître du Haut Nil et des déserts entre l'Égypte et la Libye, lieu nécessaire de l'affrontement. Ainsi la rivalité des puissances européennes risque-t-elle de mettre l'Afrique à feu et à sang.

La position des Italiens est assez forte en Éthiopie abandonnée par son roi, le négus Hailé Sélassié réfugié à Londres. Le duc d'Aoste commande à 100 000 soldats italiens, 180 000 recrues indigènes. Il a 100 chars et 400 canons, plus de 10 000 véhicules. Des troupes nombreuses sont massées en Libye où les colons italiens ont construit des routes, des hôpitaux, des casernes et des ports. Les chars italiens sont surclassés par les Britanniques, leur blindage est insuffisant. Les fusils *Calcano* modèle 1892 sont aussi vétustes que l'artillerie. Les Italiens manquent de DCA et de canons antichars, mais ils ont le nombre et l'expérience des combats dans le désert. Aux 200 000 soldats de

Pour que vous puissiez suivre les combats menés sur terre et sur mer, en Méditerranée, voici une carte générale de Gibraltar à Téhéran.

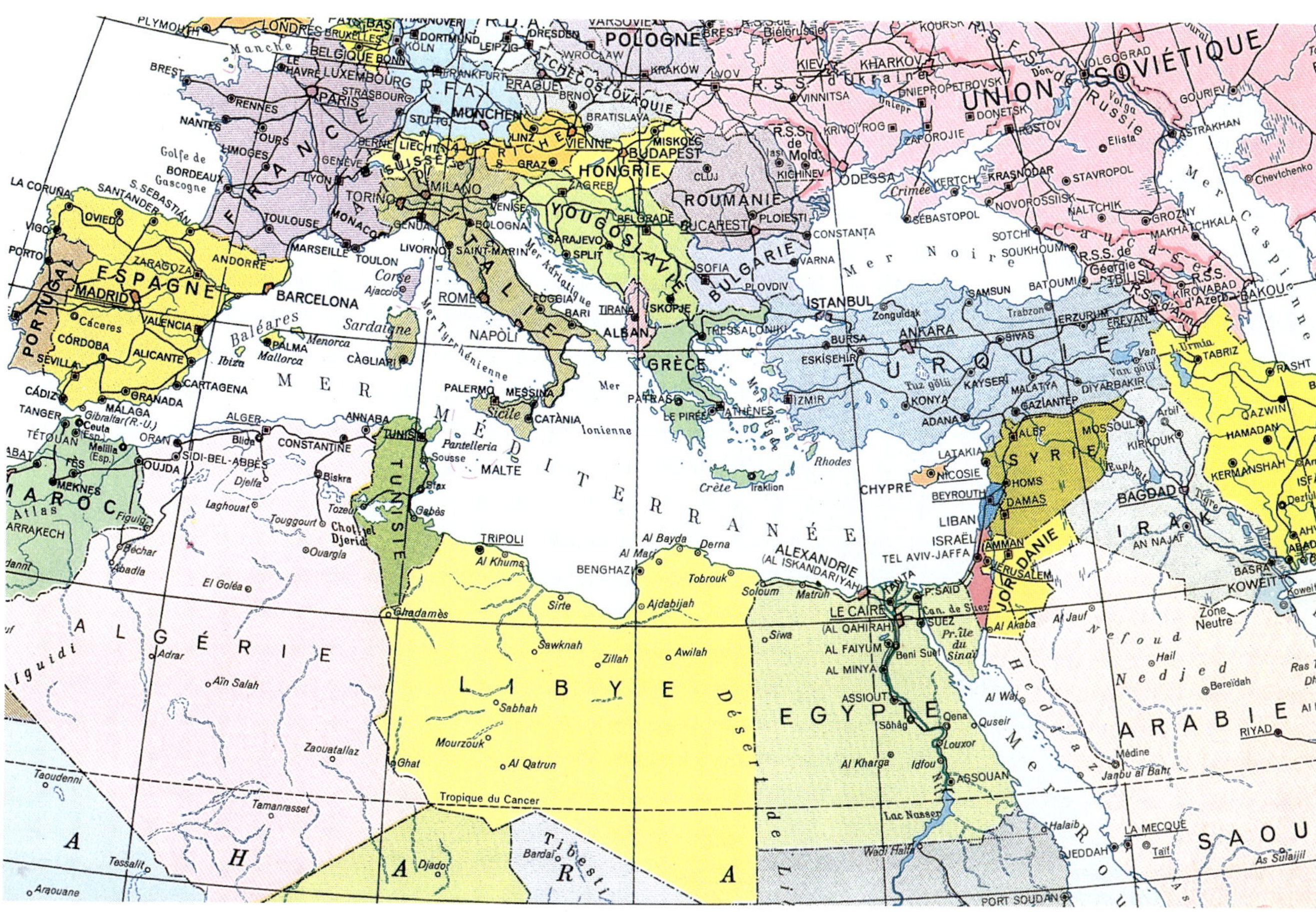

Arrivé au pouvoir en 1922, le dictateur italien Mussolini a toujours aimé les attitudes théâtrales. Le voici brandissant le sabre de l'Islam, à la veille du déclenchement de l'attaque contre l'Égypte (septembre 1940).

Mussolini immédiatement opérationnels, Churchill ne peut opposer que les 50 000 hommes de l'armée d'Égypte, une division blindée, des troupes australiennes et néo-zélandaises et quelques régiments anglais solides. En août 1940, Mussolini attaque sur tous les fronts : la Somalie britannique est menacée, mais le duc d'Aoste attaque aussi Khartoum au Soudan et même le Kenya. Les Italiens se massent en Libye pour pousser leurs unités sur la frontière égyptienne. Churchill demande des armes à Roosevelt et abandonne la Somalie indéfendable. Il fait venir d'Afrique du Sud des unités pour défendre Khartoum. D'autres troupes débarquent d'Afrique-Occidentale anglaise, des Indes, d'Australie et d'Afrique du Sud. On renforce les défenses de l'île de Malte et 4 escadrilles de bombardiers lourds prennent l'air pour attaquer les convois italiens en Méditerranée.

En septembre, les Italiens entrent dans Sidi Barrani où Mussolini tient à paraître sur son cheval blanc. Le général Graziani, qui commande l'armée italienne, estime qu'il doit s'arrêter pour attendre des renforts. Il perd ainsi trois mois précieux qui permettent aux Anglais de se renforcer. Les renforts viennent des Indes, d'Australie, de Nouvelle-Zélande et de Palestine. On attend les Italiens de pied ferme. Mais ils n'avancent plus. Ils restent l'arme au pied autour de Sidi Barrani. Pourquoi n'ont-ils pas poursuivi leur marche sur Le Caire ? Les Anglais sont perplexes. Que prépare Mussolini ?

Ils apprennent bientôt la raison de l'arrêt de l'offensive italienne contre l'Égypte. Le 28 octobre, le Duce vient d'attaquer la Grèce. Il veut assurer ses liaisons avec la Libye et l'Éthiopie, chasser les Anglais de l'île de Malte, d'où, avec leurs avions et leurs bateaux, ils peuvent attaquer les convois italiens. Maître de la Grèce, il pourra débarquer dans la grande île de Crète et, de là, bombarder Malte. 11 divisions italiennes ont débarqué en Albanie. De là, ils comptent envahir la Grèce.

Les malheurs de Mussolini

Churchill décide d'aider les 35 000 combattants grecs du général Papagos qui se massent aussitôt à la frontière. Les meilleures divisions italiennes tentent, sous la pluie battante, de passer par la montagne. Elles n'y réussissent pas. Les divisions italiennes sont alors décimées par le feu des Grecs et repassent la frontière albanaise, poursuivies par leurs adversaires. C'est le froid et l'absence de ravitaillement qui arrêtent les Grecs dans la montagne, au début de janvier 1941. Au printemps, les Italiens, qui ont reçu des renforts, déclenchent une nouvelle offensive et sont encore repoussés. Il est clair qu'ils ne viendront jamais à bout de la petite armée grecque, bien armée par les Anglais. Ceux-ci infligent aux Italiens une cuisante défaite navale : les avions du vieux porte-avions *Illustrous* ont attaqué le 11 novembre 1940 la flotte italienne amarrée dans le port de Tarente. 3 grands navires modernes ont été mis hors de combat. La flotte italienne se réfugie dans les ports du Nord, hors d'atteinte des avions torpilleurs. Elle libère ainsi la Méditerranée. Les navires anglais d'Alexandrie et de Gibraltar, les avions de Malte et de Grèce pourront attaquer les convois italiens à destination de la Libye.

Les Anglais se sentent assez forts pour contre-attaquer. Ils organisent minutieusement leur marche dans le désert. 5 divisions italiennes se débandent. Les Anglais font des milliers de prisonniers. Sidi Barrani est pris par des Australiens. Les chars anglais progressent de 750 kilomètres dans le désert et s'emparent de Bardia, puis de Tobrouk. 100 000 prisonniers italiens vont peupler les camps hâtivement construits aux Indes.

Reste le duc d'Aoste avec sa puissante armée d'Éthiopie, qui menace Khartoum et le Soudan. Le

La flotte italienne fit plusieurs sorties en Méditerranée fin 1941 et début 1942. Ici, un des quatre cuirassés récents de la classe Littorio (35 000 t) ouvre le feu sur des croiseurs anglais avec ses trois tourelles triples de 381 mm.

général anglais Wavell, qui commande au Caire toutes les opérations du Moyen-Orient, décide d'envoyer des renforts par chemin de fer et par bateau à Port-Soudan sur le Nil. Une division indienne entre en ligne et arrête l'avance italienne. Les Indiens poursuivant les Italiens passent la frontière d'Éthiopie. À cette nouvelle, les résistants éthiopiens prennent les armes. Les communications italiennes sont menacées, et les 100 000 combattants du duc d'Aoste manquent de vivres et d'essence pour les camions et les chars. Leurs avions *Caproni*, très démodés, sont abattus comme à l'exercice par les chasseurs britanniques. Deux colonnes anglaises, l'une venue du nord, l'autre du sud, prennent en tenaille le duc d'Aoste qui perd Addis-Abeba, en avril 1941, et se réfugie sur les hauts plateaux. Après une résistance courageuse, les Italiens capitulent. Le duc d'Aoste est fait prisonnier, son armée dissoute. Le négus Hailé Sélassié rentre de Londres pour retrouver son trône.

On apprend qu'une colonne motorisée commandée par le Français Leclerc, partie du Tchad, a traversé 1 600 kilomètres dans le désert pour s'emparer de l'oasis de Koufra, tenue par les Italiens, en mars 1941. Désormais la Libye se trouve menacée. Mussolini va-t-il perdre l'Afrique ?

Il ne peut s'emparer de la Grèce où débarque, depuis mars 1941, l'armée anglaise. 60 000 hommes dotés d'armes modernes sont prêts à se battre aux côtés des Grecs : ils sont australiens, néo-zélandais, ou volontaires polonais. Churchill réalise un vieux rêve : menacer, par le sud des Balkans, la Roumanie, riche en pétrole, et la Bulgarie alliée de l'Allemagne pour porter la guerre dans les pays du Danube.

Entouré de son état-major, le général Rommel qu'on appellera « le renard du désert » visite le champ de bataille de Sollum (avril 1941).

Les parachutistes tombent sur la Crète

Hitler ne peut tolérer la menace : il a besoin du pétrole roumain de Ploiesti. Celui-ci approvisionne les *Panzer* qui s'apprêtent à envahir la Russie. Il sait que les bombardiers anglais basés en Grèce peuvent détruire les puits roumains. Il a déjà décidé d'envahir la Grèce quand un soulèvement militaire en Yougoslavie porte au pouvoir le jeune roi Pierre, protégé par les Anglais. Le 6 avril 1941, les bombardiers allemands détruisent Belgrade, tuant 17 000 civils. Dans les décombres de la ville errent les blessés et les animaux échappés du zoo : un ours qui plonge dans le Danube, une cigogne à une patte. Deux divisions blindées attaquent avec l'aide des Italiens et des Hongrois. Toute résistance est anéantie. Les chars allemands foncent aussitôt sur la Grèce, car Hitler est pressé. Il va bientôt attaquer la Russie. Il veut être tranquille au sud. Les Allemands lancent une attaque foudroyante contre Salonique et le défilé des Thermopyles. C'est un succès. Dans la nuit du 24 au 25 avril, le corps expéditionnaire britannique rembarque.

Les Néo-Zélandais qui défendent l'île de Crète sont submergés par l'attaque surprise d'une division de parachutistes allemands largués par planeurs et par avions de transport *Junkers 52*. Bombardés par les raids incessants de 400 appareils, les Néo-Zélandais doivent lâcher pied. Dans l'opération de retraite, plusieurs navires anglais sont coulés et le porte-avions *Formidable*, qui a perdu tous ses avions torpilleurs, est lui-même endommagé. Hitler vient de redresser la situation en Orient. Maîtresses de la Crète, les escadres allemandes pourront bombarder Malte et les sous-marins seront de plus en plus nombreux en Méditerranée, aux côtés des Italiens. Mais pour obtenir la victoire en Afrique, les Allemands n'ont plus confiance dans l'armée de Mussolini. Ils lui envoient leur meilleur général, Rommel.

Deux divisions allemandes sont mises à la disposition de Rommel qui part pour Tripoli. Le 14 février 1941, les premiers transports allemands se présentent à Tripoli. Rommel est sur le quai et veille à ce que les chars soient déchargés, même de nuit, à la lumière des projecteurs. Il veut intervenir le plus vite possible, suivant les ordres d'Hitler. Il entre le 4 avril 1941 dans Benghazi et poursuit les Anglais en retraite sur Tobrouk. La surprise dans leurs rangs est totale. Ils ne s'attendaient pas à un débarquement allemand aussi rapide. Faute de moyens, Rommel ne peut pas

Engin blindé semi-chenillé de l'Afrikakorps, partant en reconnaissance dans les sables libyens. Les Allemands ont dû s'adapter très vite à un terrain sur lequel, en 1940, ils n'avaient pas du tout imaginé qu'ils auraient à combattre.

Au cours de la campagne de Syrie, qui oppose des soldats français obéissant à Pétain et des Français obéissant à de Gaulle et combattant avec les Anglais, des soldats britanniques occupent les ruines célèbres de Palmyre, capitale de la fameuse reine Zénobie (IIIe siècle après J.-C.).

prendre immédiatement Tobrouk et doit s'arrêter à la frontière de l'Égypte. Les Anglais ont reçu en renfort les divisions repliées de Grèce, ainsi que 200 chars neufs. Mais ils doivent très vite dégarnir leur front pour mater une révolte militaire en Irak. Pas plus que les Allemands ne peuvent perdre le pétrole de Roumanie, les Anglais ne peuvent supporter la moindre menace sur les puits d'Irak et d'Iran qui approvisionnent leur armée. Un général irakien appelle les Allemands au secours. Hitler exige de Vichy de pouvoir utiliser les aéroports français de Syrie.

Churchill a peur que les Allemands ne fassent main basse sur le stock d'armes françaises en Syrie. Il accepte pour attaquer la Syrie le concours de 6 bataillons français gaullistes : une guerre très dure est engagée contre les 36 000 combattants français du général Dentz, qui obéit aux ordres du régime de Vichy, le seul légal à ses yeux. Les Anglais finissent par reprendre Damas.

Le « pingouin » du Caire contre le « renard du désert »

Au Caire, où 70 000 étrangers ont trouvé refuge, on craint le pire. Des aérodromes de Crète, les avions allemands attaquent. Un raid aérien a causé d'importants dégâts à Port-Fouad sur le canal de Suez. Les avions italiens bombardent Le Caire où le populaire général Archibald Wavell vient d'être remplacé par sir Claude Auchinleck, surnommé « le pingouin ». Personne n'est sûr que « le pingouin » saura résister à l'attaque surprise que prépare Rommel dans le désert.

Churchill peut d'autant moins envoyer de nouveaux renforts en Égypte qu'il doit intervenir également en Iran pour protéger la route d'accès au sud de l'Union soviétique. 9 divisions britanniques levées aux Indes envahissent l'Iran, venant d'Irak. Elles prennent les puits de pétrole et la raffinerie d'Abadan pendant que les Soviétiques occupent le nord du pays. La marine iranienne est coulée, l'armée en déroute. Téhéran est pris en septembre 1941, et les Anglais mettent sur le trône le chah Muhammad Reza qui leur est dévoué. 30 000 Américains viennent aussitôt aider les Britanniques à installer un réseau de communications efficace en Iran, qui permette d'aider l'Union soviétique. Mais ces troupes anglaises occupées en Iran ne peuvent participer à la défense de l'Égypte.

Heureusement l'armée italienne ne reçoit des renforts qu'au compte-gouttes. Et il en est de même pour Rommel. En effet, l'aviation allemande commandée par le général Kesselring a disparu progressivement de Crète, pour être expédiée en Russie. Les convois italiens peuvent donc être de nouveau attaqués par les avions torpilleurs anglais, basés sur l'île de Malte. À la fin de 1941, 80 % des transports sont envoyés par le fond. Rommel n'a reçu qu'un septième de ses approvisionnements. Il est vrai que l'*Afrikakorps* (armée allemande d'Afrique) est augmenté d'une division de *Panzergrenadiere* et d'un corps motorisé italien. En outre, les jeunes volontaires de l'arme blindée allemande ont un moral élevé et veulent détruire l'armée anglaise.

Au printemps de 1942, Rommel bénéficie d'une occasion favorable. Les Anglais viennent de perdre plusieurs navires importants dans la rade d'Alexandrie, dont le porte-avions *Ark Royal*. Des Italiens pilotant des torpilles individuelles se sont infiltrés dans le port, coulant 2 cuirassés. La marine britannique n'est plus en mesure d'attaquer les convois italiens. En même temps, les avions de Kesselring sont revenus, pendant l'hiver russe, dans leurs bases de Sicile, ils ont de nouveau attaqué Malte : Rommel a pu recevoir des renforts. Il a repoussé plusieurs offensives britanniques, détruisant 800 chars tout neufs : les équipages britanniques, inexpérimentés, n'ont pas su résister aux canons de 88 enterrés dans le sable et aux pièges antichars de celui qu'on appelle déjà « le renard du désert ». Mais Rommel manquant de carburant ne peut pas exploiter son succès. Il a dû faire retraite avec les 60 chars qui lui restaient, après avoir détruit une partie de la VIIIe armée britannique.

La protection du bivouac de cette unité de l'Afrikakorps devant El-Alamein (Égypte), est assurée par un fusil-mitrailleur MG 34 (calibre 7,92 mm). La bataille d'El-Alamein, gagnée par les Anglais, est un grand tournant de la guerre en Afrique.

Une brillante réussite de la marine italienne : les torpilles pilotées par des hommes de la 10e flottille MAS commandée par le prince Borghèse. Les « hommes-torpilles » immobiliseront dans le port d'Alexandrie les cuirassés anglais Valiant *et* Queen Elizabeth.

MAS

Coiffés du casque français ou du casque anglais, armés de PM Thompson américains ou du vieux fusil-tromblon VB, les 2 000 fantassins du général Koenig s'apprêtent à défendre Bir Hakeim (juin 1942).

Rommel retardé par des Français à Bir Hakeim

Mais bientôt, il reçoit des renforts et repart vers Tobrouk. Il attaque avec une centaine de *Panzer*, pulvérisant la 1re division britannique aux chars tout neufs, montés par des équipages qui n'avaient jamais vu le désert. Il attaque les nouveaux chars américains *Grant* avec ses *Panzer III-J* spéciaux et affronte sur la ligne de Bir Hakeim une brigade de 2 703 Français libres, commandée par Kœnig. Le 2 juin 1942, les Italiens se lancent à l'assaut. Le « vieux lapin » Kœnig résiste d'arrache-pied, refusant obstinément de se rendre. Fusiliers marins et légionnaires s'enterrent dans des trous individuels. Rommel menace d'exterminer la garnison. Les Français tiennent, seuls, jusqu'au 10 juin. Quand les Allemands ouvrent enfin une brèche, le bataillon du Pacifique, commandé par Broche, ouvre courageusement la retraite à travers les champs de mines. Un groupe de légionnaires attaque l'ennemi à la grenade pour permettre à la colonne de passer. Les Messmer, les Gambiez, les Lacouin et les Amilkvari réussirent ainsi, avec 2 619 hommes sur 2 703 combattants, à rejoindre les lignes anglaises. « Sachez et dites à vos troupes, écrit de Gaulle à Kœnig, que toute la France vous regarde et que vous êtes son orgueil. »

Rommel a été seulement retardé à Bir Hakeim. Le 20 juin, il repart à l'assaut, faisant 30 000 prisonniers dans Tobrouk où il saisit un énorme stock d'armes, de ravitaillement et d'essence. Il lance ses chars à la poursuite de l'ennemi. En pleine bataille, Hitler le nomme maréchal. Mussolini débarque en avion, montant son cheval blanc pour faire son entrée solennelle dans la ville du Caire, où la population civile attend d'une heure à l'autre l'arrivée des chars allemands. L'Égypte était-elle perdue ?

Les Anglais sont épuisés et ne disposent que de forces réduites. Ils ne savent pas encore que Rommel, de son côté, n'a plus qu'une cinquantaine de chars en état de prendre la piste et ne peut plus progresser. Or les renforts arrivent plus vite aux Anglais : 1 division australienne, qui entre en ligne immédiatement, et 400 chars neufs venus d'Amérique. Churchill lui-même, qui a nommé Montgomery général en chef, vient inspecter l'armée sur place. Il sait maintenant que Rommel n'est plus ravitaillé, parce que l'aviation de Kesselring a repris la direction du front de l'Est et que, de nouveau, les convois italiens sont attaqués et coulés. Rommel ne reçoit que 60 tonnes d'essence sur les 6 000 promises. Par chemin de fer, les Anglais reçoivent constamment des renforts sur la ligne d'El-Alamein.

Toujours actifs au Moyen-Orient, les Anglais occupent la moitié sud de l'Iran et rencontrent les blindés de l'armée soviétique qui a occupé le nord (août 1941) ; voici un auto-canon BTR armé d'un canon de 37 mm.

Le 23 octobre 1942, Montgomery peut lancer une offensive avec 230 000 hommes bien alimentés par un pipe-line d'eau potable qui circule dans le désert, bien fournis en essence venue d'Iran, bien armés et protégés par les nouveaux chars américains, les *Sherman.* Rommel n'a que 80 000 hommes dont 23 000 Allemands. Il développe des champs de mines et des réseaux de fil de fer barbelé. Mais il ne peut tenir longtemps. Malade, il va se faire soigner en Allemagne. Hitler exige son retour au front. Faute d'essence et de munitions, se battant bientôt à 1 contre 11, il doit faire retraite en Libye vers l'ouest. Le 4 novembre, les Écossais et les Indiens ont percé son front et gagné la bataille d'El-Alamein. Montgomery le poursuit jusqu'à Tripoli, où il est rejoint par une petite unité de Français libres venue du Fezzan et commandée par Leclerc. Rommel se replie vers la Tunisie.

Le débarquement en Afrique du Nord

La Tunisie est française. Rommel compte sans doute que les Allemands s'y retranchent, mais il ne peut le faire sans l'accord de la France de Vichy. Les Alliés, de leur côté, envisagent de débarquer en Afrique du Nord. Ils désignent le général américain Eisenhower pour commander l'opération *Torch*, qui doit leur permettre de prendre la Tunisie après s'être rendus maîtres du Maroc et de l'Algérie. Les Américains pour se concilier l'armée française d'Afrique du Nord qui, pour l'instant, obéit au maréchal Pétain, cherchent un général que les chefs de cette armée reconnaissent. Ils choisissent Giraud, qui vient de s'évader d'Allemagne, de préférence à de Gaulle.

Les Américains débarquent le 8 novembre 1942 au Maroc (Port-Lyautey, Fedala, Safi) et en Algérie avec l'aide des Britanniques (Oran et Alger). Une flotte impressionnante est venue d'Amérique. Les amiraux fidèles à Vichy font tirer sur les Américains, qui éprouvent des pertes sérieuses. Les troupes françaises résistent à Oran. L'ordre de cesser le feu est enfin donné le 10 novembre par l'amiral Darlan qui, se trouvant sur place, a changé son fusil d'épaule. Il doit avoir agi avec l'accord secret du maréchal Pétain. Les Américains le nomment haut-commissaire, et investissent les généraux Giraud et Juin du commandement de l'armée, au grand scandale des quelques partisans du général de Gaulle à Alger.

Les réactions d'Hitler sont immédiates : il estime que l'armistice est rompu. L'armée allemande envahit la zone Sud. L'armée d'armistice est dissoute. Les Allemands se précipitent sur Toulon pour s'emparer de la flotte. Conformément à des ordres antérieurement donnés par Darlan, elle se saborde pour que les Allemands ne puissent s'en servir. Seuls quelques sous-marins échappent. 3 cuirassés, 7 croiseurs, plus de 30 torpilleurs et contre-torpilleurs gisent par le fond. La France vient de perdre sa flotte de guerre. 3 divisions allemandes et 2 divisions italiennes sont très rapidement débarquées en Tunisie. Elles gagnent aussitôt le sud pour faire leur liaison avec l'*Afrikakorps* de Rommel qui revient de Libye, poursuivi mollement par Montgomery.

D'Alger, le général Eisenhower donne des ordres : il est temps pour les Français ralliés d'entrer dans la bataille. Le 19 novembre, le général Barré, qui commande les forces de Tunisie, reçoit de l'amiral Darlan l'ordre de résister aux Allemands. De Gaulle s'indigne car, pour lui, ceux qui ont servi Vichy doivent être écartés et condamnés. D'Afrique noire viennent les messages de ralliement. L'armée de Dakar (15 000 hommes) se rallie aux Alliés. Quelques jours plus tard, l'amiral Darlan est assassiné par un jeune homme de 17 ans. On discute encore pour savoir qui a donné l'ordre. La mort de Darlan satisfait les gaullistes, mais ceux-ci ne sont toujours pas contents parce que le successeur de Darlan imposé par les Américains est le général Giraud et non pas de Gaulle.

Les Français rentrent dans la guerre

En Tunisie les renforts alliés sont lents à arriver. Les lignes ferroviaires sont rares en Afrique du Nord, et plus encore les routes. Les Allemands ont pris dans les ports français plus de 200 bateaux de commerce dont ils se servent pour transférer leur propre armée.

Le général français Barré a reçu l'ordre de résister, avec l'appui du corps d'armée du général Koeltz qui vient de Constantine. Les parachutistes américains occupent le Sud, les fantassins britanniques le Nord.

Après les débarquements sans opposition autour d'Oran, un lieutenant américain portant un large drapeau cousu à sa manche d'uniforme, interroge des musulmans.

Au cours d'une prise d'armes à Alger (novembre 1942), sont rassemblés tous les acteurs du retour de la France aux côtés des Alliés : le général d'aviation Bergeret, l'amiral Darlan en conversation avec le général Eisenhower, l'amiral anglais Cunningham et le général Giraud (entre eux, le futur général Beaufre) et le général Noguès, résident général au Maroc.

Vue du port de Toulon, tel qu'il apparaîtra en 1944 aux cinéastes de l'armée américaine. L'épave du porte-hydravions Commandant-Teste *inclinée sur « babord » (c'est le côté gauche. L'autre côté s'appelle « tribord »).*

Les 75 000 Français n'ont pas d'armes lourdes, ils ne peuvent tenir qu'en montagne, en s'accrochant aux « pitons ». Ils tiennent le temps qu'il faut aux Britanniques pour se mettre en place, au prix de pertes énormes : 8 000 tués dans les premiers jours de bataille. Les Alliés sont partout arrêtés par les *Panzer* et reculent jusqu'à la montagne, ils ne peuvent progresser vers Tunis.

Mais Montgomery surgit, et les renforts venus d'Algérie permettent de surmonter l'échec subi par les blindés américains à Kasserine devant les *Panzer* de Rommel. Le 20 mars 1943, Montgomery attaque une armée allemande fatiguée où Rommel, malade, a dû abandonner son commandement. La montagne est entièrement conquise. Du 14 avril au 13 mai se livre la dure bataille pour Tunis, où les Français ont leur part de gloire. Ils prennent Pont du Fahs, les Anglais entrent à Tunis. L'affaire de Tunisie s'achève sur un désastre pour Hitler.

De Gaulle, enfin toléré par les Américains, arrive en Afrique du Nord. Il parvient à éliminer Giraud et à mettre en place un gouvernement et une assemblée provisoires. Il accueille les jeunes gens venus de France par l'Espagne, les chefs comme de Lattre à qui il promet un commandement. L'armée d'Afrique en formation ne manque pas de volontaires. Il faut organiser la mobilisation de 260 000 « pieds-noirs » et de 300 000 musulmans. Les Américains se sont engagés à armer 8 divisions d'infanterie et 3 divisions blindées. Des unités doivent être mises en ligne immédiatement dans l'opération d'Italie qui se prépare. Déjà les caisses d'armes sont débarquées dans le port de Casablanca,

Engagés dès 1941, au sud de la Lybie et en Syrie, les bataillons de marche, composés de tirailleurs africains, forment le noyau de la 1re division française libre, à laquelle vont se joindre les divisions formées en Afrique du Nord, par Giraud et Juin.

et les Français se coiffent du casque américain. On envoie les volontaires dans les écoles d'aviation : il faut des pilotes pour faire voler les 1 000 avions livrés par Roosevelt. Des camps accueillent aussi les soldats des blindés, qui doivent se familiariser avec les *Sherman*. Les Français entrent vraiment dans la guerre. Le général Juin est placé par de Gaulle à la tête d'un corps expéditionnaire, qui doit débarquer en Italie.

Fameux cavalier (il fut stagiaire à Saumur), figure très populaire, le général Patton a été, avec le général Chaffee, le grand promoteur des blindés dans l'armée américaine. On le voit ici, dans sa tenue de tankiste, alors que, brigadier-général, il commande la 1re brigade de la 2e Division blindée américaine en 1941, à Fort Benning (Georgie).

L'Italie se retire de la guerre

Le 8 juillet 1943, les forteresses volantes basées en Tunisie attaquent les aérodromes allemands en Sicile. Palerme est bombardée par la *Royal Air Force*. Le maréchal Alexander, avec la VIIIe armée de Montgomery et la VIIe armée américaine de Clark, débarque en Sicile. Les Allemands sont prêts et les accueillent par un feu nourri : des centaines de parachutistes se noient, largués trop loin de la côte, d'autres sont fusillés à bout portant par les parachutistes allemands et les *Panzergrenadiere*. 4 000 avions alliés empêchent toute contre-offensive allemande.

Le général américain Patton parvient à libérer Palerme le 22 juillet. Le 4e tabors marocain, commandé par des officiers français, participe à la campagne dans une division d'infanterie américaine. Les Américains entrent dans Messine le 16 août après des combats acharnés. Les 50 000 soldats allemands réussissent à franchir le détroit avec tout leur matériel, mais 200 000 Italiens sont prisonniers.

Mussolini est arrêté et emprisonné

L'Italie se retire de la guerre. L'aviation alliée multipliait les raids meurtriers contre les grandes villes, particulièrement Gênes, Turin et Milan. Le bombardement de Rome, le 19 juillet, avait donné le

Débarquement en Italie. A Salerne, au sud de Naples, les équipes de plage déchargent un LST (Landing Ship Tank). Les débarquements et les opérations amphibies alliées ont entraîné le développement de toute une gamme de navires et d'engins de débarquement, du camion amphibie au transport de péniches de débarquement.

signal de la débandade. Le roi d'Italie avait remplacé Mussolini par le maréchal Badoglio, habilité à signer l'armistice. La foule romaine manifestait sa joie : Mussolini était arrêté et emprisonné dans le Grand Sasso : le fascisme était mort.

C'était compter sans Hitler. Celui-ci lance aussitôt 100 trains vers l'Italie pour amener à pied d'œuvre la 26e *Panzerdivision.* La 2e division de parachutistes quitte le sud de la France et débarque à Rome. La ville est ceinturée, occupée. Les SS fondent sur le pays pendant que les Alliés débarquent au sud de Naples, à Salerne. Un commando du SS Skorzeny libère Mussolini et l'entraîne vers le nord où il constitue une république fasciste qui traque les résistants.

Les Alliés occupent tout le sud de l'Italie. Le reste du pays est occupé par l'armée allemande. Son chef, le général Kesselring, établit une ligne de défense à travers la montagne, l'Apennin, le long du fleuve Volturno. À 50 kilomètres de Naples, les Alliés sont contraints de s'enterrer dans une ligne continue, sans pouvoir avancer. Pendant ce temps, la Sardaigne est libérée. Les Français ont débarqué en Corse grâce au sous-marin *Casabianca.* Le bataillon de choc du colonel Gambiez et les résistants de l'île ont raison des troupes allemandes. Mais la guerre s'enlise en Italie et l'on comprend, dans les états-majors alliés, que la marche sur Rome sera longue et difficile. Les Allemands tiennent solidement le sud de l'Europe, martyrisent la Yougoslavie, fusillent les résistants de Grèce. Ils n'entendent pas abandonner l'Europe du Sud. Pour l'emporter, les Alliés préparent d'autres débarquements, qu'ils sont assurés de réussir grâce à leur supériorité navale et aérienne : ils méditent une opération en Italie, une autre dans le midi de la France. Mais leur carte maîtresse est le débarquement prévu dans le nord-ouest de l'Europe ; ils y consacrent déjà l'essentiel de leurs moyens, à la fin de 1943.

C'est là qu'ils espèrent ouvrir rapidement le « second front » qu'ils ont promis à Staline, pour donner l'assaut à la « forteresse Europe ».

L'ASSAUT DE LA FORTERESSE EUROPE

ITALY
Vanni Tealdi

L'ASSAUT DE LA FORTERESSE EUROPE

Sur le grand dessin de la *page précédente,* vous voyez *en haut à droite* les batteries côtières et les blockhaus du « mur de l'Atlantique ». Les Allemands ont construit ces défenses s'attendant à un débarquement. Roosevelt et Churchill ont confié au général américain Eisenhower le commandement en chef des forces alliées : Américains et troupes de l'Empire britannique, mais aussi unités de l'Empire français et des autres pays occupés, Pologne, Pays-Bas, Belgique, Tchécoslovaquie... Les États-Unis fournissent armes, avions, tels le Mustang P-51, ou le bombardier léger Boston, servi ici par un équipage français *(page de gauche, en bas et en milieu de page).* Le 6 juin 1944, les troupes alliées débarquent en Normandie *(page de gauche, en haut)* où elles se heurtent aux obstacles, aux mines et aux renforts du maréchal Rommel *(à l'extrême droite).* Peu avant, des planeurs ont déposé des soldats dans la campagne. La France accueille ses libérateurs avec joie. Juin 1944 voit aussi la libération de Rome *(au centre, en bas)* où les généraux Clark et Juin sont accueillis triomphalement. Ce succès est la conséquence de la prise de Monte Cassino. Des unités italiennes ralliées y participent *(page de droite, en bas).*

Les Allemands ont transformé l'Europe occupée en forteresse. Hitler a commencé à fortifier la côte française et belge, à construire une ligne inattaquable par l'aviation. Des tonnes de béton ont été coulées, abritant les sous-marins à Saint-Nazaire, à Lorient, à Anvers et les batteries de canons à longue portée tirant sur Douvres du cap Gris-Nez. Une société allemande, l'organisation *Todt,* se charge de ces gigantesques travaux. On lui demande bientôt de construire tout le long des côtes françaises (y compris à partir de 1942 celles de la Méditerranée) une ligne de fortifications continues interdisant tout débarquement allié. À l'ouest, ce « mur de l'Atlantique » comprend à la fois de gros ouvrages bétonnés et des lignes de blockhaus dotés de mitrailleuses ou de canons à tir rapide, séparés par de longs champs de mines. Les plages sont hérissées d'obstacles. Des troupes de garnison sont affectées à ces défenses bien reliées par des communications rapides. Hitler prétend que la « forteresse Europe » est à l'abri de toute surprise.

Toute l'Europe travaille de force pour l'Allemagne. Tous les minerais servent aux usines de production d'armes, toute la houille disponible est consacrée à la fabrication d'aciers spéciaux pour les chars, les locomotives, les canons. Les Allemands achètent même les métaux des pays neutres, le fer suédois, le plomb et le cuivre espagnols, le chrome turc et le tungstène portugais. L'Europe allemande n'est pas seulement une forteresse, elle est un arsenal.

Onze millions d'Allemands mobilisés

Malgré les bombardements alliés, la production est en hausse constante : 429 millions de tonnes de houille seront extraits en 1943 contre 402 millions en 1942. La production d'acier passe de 32 à 35 millions de tonnes. Le pétrole de Roumanie alimente les réservoirs des chars et des avions qui sortent des usines à raison de 1 000 par mois en 1942, 2 000 en 1943, 3 000 en 1944. De 1941 à 1945, les Allemands fabriquent deux fois plus de chars que les Britanniques et autant d'avions que les Russes. La seule firme d'aviation *Junkers* utilise 140 000 ouvriers. Les Allemands

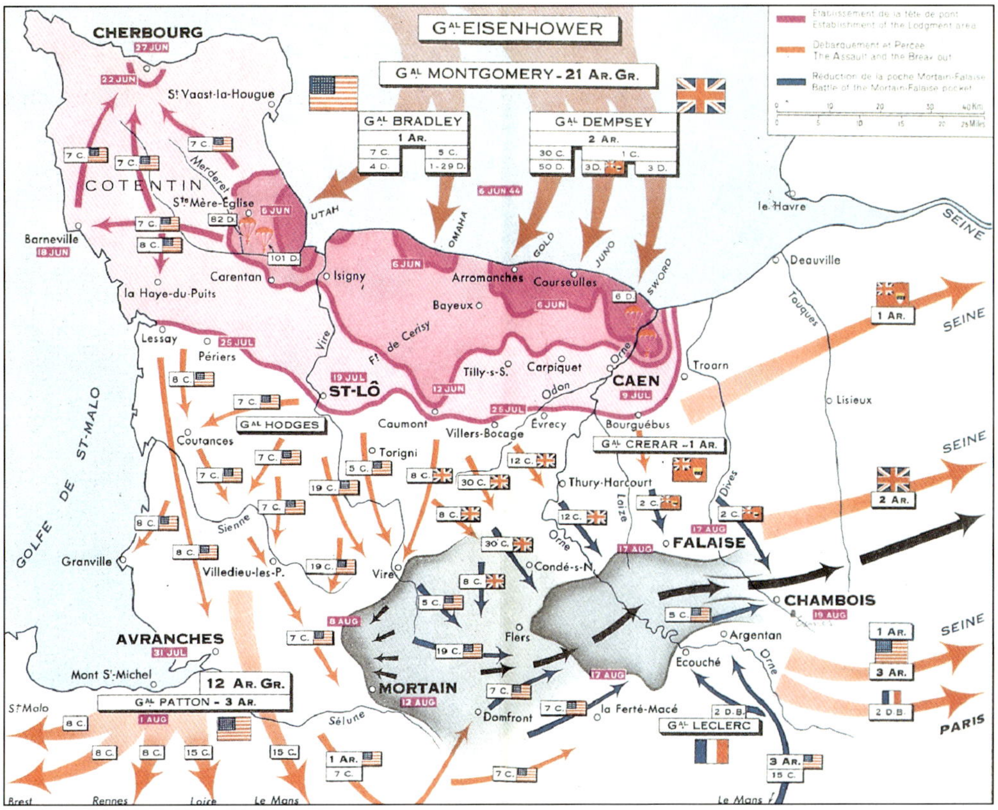

Voici la carte du débarquement du 6 juin 1944. On voit très bien en rouge foncé la tête de pont conquise en six jours à partir des cinq plages de débarquement. Puis, il faut plus d'un mois pour s'emparer de Cherbourg, de Caen et de Saint-Lô. Enfin, c'est la percée en direction d'Avranches, de la IIIe armée de Patton. Les Allemands contre-attaquent sur Mortain mais se trouvent pris dans la poche de Falaise d'où ils se sortiront avec peine (12-17 août) : la bataille de Normandie est gagnée.

fabriquent 20 000 exemplaires de leur nouveau chasseur *Focke Wulf 190* qui surclasse tous les avions alliés pendant deux ans. Ils sont les maîtres des chars lourds, plus tard des avions sans pilotes, des fusées et des moteurs à réaction.

À partir de 1942, le maître de la production de guerre est un familier d'Hitler, Albert Speer. Il regrette que l'Allemagne occupe sur son territoire trop de travailleurs étrangers : ils sont 3 000 000 en 1943, 7 000 000 en 1944, ils seront 8 000 000 en 1945. Speer préférerait qu'ils soient employés dans la production de leurs pays qui travaillent pour l'Allemagne. Mais depuis 1943 (on l'a vu dans le chapitre 5), en France le « service du travail obligatoire » peut expédier de force dans les usines allemandes tous les hommes de 18 à 50 ans et les femmes de 21 à 35 ans. Heureusement ceux ou celles qui ont un emploi dans les usines françaises échappent à ce recrutement. Les Allemands utilisent également comme main-d'œuvre les prisonniers qui deviennent « travailleurs libres », puis les déportés : ils doivent à tout prix remplacer dans les ateliers les 4 000 000 de tués, de blessés ou de disparus, qui manquent déjà à la fin de 1943, et les 11 000 000 de mobilisés. On estime à 2 400 000, en février 1944, le nombre des prisonniers utilisés dans l'économie. On installe des fabriques même dans les camps de concentration. Speer disperse les usines pour les rendre moins sensibles aux bombardements. Il construit, avec une main-d'œuvre de déportés des usines souterraines gigantesques. Les Alliés s'inquiètent de l'accroissement de la production de guerre allemande, particulièrement de celle des sous-marins, qui menace leurs liaisons maritimes.

Parmi les armes secrètes qui devaient empêcher le débarquement, Hitler comptait sur les nouveaux avions à réaction. On voit ici, dans une galerie de mine de sel, une chaîne de montage de Volksjaeger, construits par Blohm and Woss.

Avec l'entrée en guerre des États-Unis, les U-Boote (sous-marins) allemands trouvent une zone de chasse dc choix au large des côtes américaines : les pétroliers allant du golfe du Mexique vers les ports du Nord-Est circulent, au début, sans protection. De décembre 1941 à mai 1942, 112 pétroliers sont envoyés par le fond. La marine américaine se décide alors au système des convois protégés.

Des sous-marins devant New York !

L'audace des sous-mariniers est inouïe : ils attaquent tous les convois entre l'Angleterre et l'Amérique, entre l'Angleterre et la Russie par le Grand Nord. Ils mettent en péril la grande ligne de navigation anglaise vers les Indes et l'Égypte, par l'Atlantique Sud et le cap de Bonne-Espérance. Les Anglais, pour faire la guerre, doivent recevoir au moins 4 grands pétroliers par jour dans leurs ports. Ils viennent du Venezuela et du Mexique, et les sous-marins allemands les coulent. Attaquant dans la zone centrale de l'Atlantique où les navires ne peuvent pas avoir de protection aérienne, les sous-marins détruisent tant de navires que les Américains envisagent d'accompagner les convois avec des porte-avions légers. L'amiral Dönitz ne disposait en 1941 que d'une centaine de sous-marins dans l'Atlantique. Il en reçoit alors 15 de plus tous les mois. Ils s'enhardissent au point de naviguer dans les eaux américaines, ils attaquent jusqu'en Floride, coulent les pétroliers vénézuéliens qui font route vers New York. Les navires de guerre américains sont incapables de protéger leurs propres voies maritimes. La « chasse à la dinde américaine » devient le sport favori des sous-mariniers dont les capitaines aperçoivent à la jumelle les terrasses de l'*Empire State Building* au large du port de New York ! Ils coulent des cargos sous le nez des baigneurs devant la plus célèbre des plages de Floride, Virginia Beach. Rien ne semble pouvoir les arrêter. Les Américains réalisent que seul un programme de construction navale et aérienne très important peut leur permettre de protéger les voies maritimes. S'ils n'ont pas la supériorité sur l'Océan, ils ne peuvent songer à envahir la forteresse Europe.

Le programme d'armement décidé par le président Roosevelt est d'une ampleur sans précédent. L'Amérique se propose de lever 10 000 000 de soldats et de les doter d'un armement moderne. 124 000 bateaux vont sortir des chantiers navals américains de 1941 à 1945 et 300 000 avions des usines. Mais tout cet armement n'est pas destiné seulement à l'Atlantique. Depuis l'entrée en guerre contre le Japon, les Américains ont la guerre à conduire sur deux océans et, sur le Pacifique, ils sont seuls (voir chapitre 9) à soutenir le gigantesque effort contre les forces japonaises. Toute l'industrie américaine travaille pour la guerre. Les usines de *Ford* et de la *General Motors* ne construisent que des moteurs de chars, d'avions, de camions militaires. On construit 800 000 camions

GMC, 600 000 *Jeep*, voitures tout-terrain armées souvent de mitrailleuses, 1 200 000 appareils de radio pour équiper les chars, les avions, les engins d'assaut et même les unités d'infanterie. L'armée américaine est bientôt la plus moderne du monde.

Le bombardier anglais Handley-Page Halifax entre en service en décembre 1940. Propulsé par 4 moteurs Rolls Royce « Merlin » puis 4 Bristol « Hercules », il peut transporter 6 tonnes de bombes à 1 600 km, avec 7 hommes d'équipage. Cet appareil, construit à 6 000 exemplaires en différentes versions, aura permis au Bomber Command d'effectuer ses bombardements stratégiques sur l'Allemagne, jusqu'à la fin de la guerre.

Remarquable bimoteur créé par de Havilland, le Mosquito a été employé comme bombardier léger, chasseur et avion de reconnaissance. Construit en bois, rapide et maniable, il sert aussi d'escorte et d'éclaireur aux bombardiers lourds au-dessus de l'Allemagne. Son équipage est de deux hommes, son armement est composé de canons, de roquettes et de bombes.

Un tapis de bombes sur l'Allemagne

Un producteur industriel génial, Henry Kaiser, parvient à faire construire des *liberty ships*, grands cargos permettant d'acheminer vers l'Europe les hommes, le matériel, les vivres, les munitions à une cadence accélérée : un navire sort des chantiers en quatorze jours au lieu de six mois. En 1943, 1 238 *liberty ships* prennent la mer et les Américains disposent bientôt de la première flotte de commerce du monde, avec 5 600 navires. Les navires sont assez nombreux pour garnir de troupes et d'engins de guerre les camps de Grande-Bretagne, qui préparent fébrilement l'invasion de la forteresse Europe. Un effort tout particulier a été consenti en faveur de l'arme aérienne : les Américains ont formé 200 000 pilotes, 1 000 000 de mécaniciens d'aviation pour conduire et entretenir 33 000 appareils disponibles sur tous les fronts. Les ingénieurs Rice et Schmued conçoivent en cent vingt jours le chasseur le plus performant de la guerre : ce *Mustang*, qui ressemble à un canard sauvage, accompagne au-dessus de l'Allemagne les raids des forteresses volantes (12 000 *B17* portant chacune 3 tonnes de bombes), pendant que le chasseur-bombardier à double fuselage *Lockheed P38 Lightning* attaque en piqué les trains et les aérodromes, en compagnie de l'avion britannique *Mosquito*, construit en bois pour accroître la vitesse et tromper les radars ennemis. Les 7 000 *Lancaster* et

Bombardiers lourds américains Consolidated B 24 survolant la campagne française, en route vers leurs objectifs. Moins célèbre que la forteresse volante, le B 24 Liberator est construit en plus grand nombre (plus de 18 000) et est utilisé dans de multiples missions. Avec ses 12 hommes d'équipage, ses 4 moteurs Pratt et Whitney lui permettent de porter 5,8 tonnes de bombes à 3 400 km, à la vitesse de 340 km/h.

les 6 000 *Halifax* de la *Royal Air Force* se joignent aux escadrilles américaines pour incendier la Ruhr, détruire Brême et Hambourg, attaquer partout les concentrations et les transports de troupes. L'aviation stratégique espère saper le moral de l'ennemi en attaquant les villes : Berlin est très souvent l'objectif des raids de nuit.

La Grande-Bretagne accueille sur son sol des soldats du monde entier. Les Américains, qui débarquent toujours plus nombreux, les Français libres, les Norvégiens, les Tchèques et Polonais qui ont réussi à quitter leurs pays pour s'engager dans l'aviation, la marine ou l'armée anglaises. Le Canada lève une armée qui compte, en 1944, 1 000 000 d'hommes. Aux côtés des Anglais combattent 200 000 Sud-Africains, 154 000 Néo-Zélandais et Australiens. 2 600 000 soldats sont levés aux Indes. L'Amérique assure l'armement de la majeure partie de ces troupes. Elle fournit aussi des *Jeep*, des camions, des chars et des avions *Airacobra* aux Soviétiques. Ainsi l'arsenal américain, alimenté par 7 000 000 d'ouvriers supplémentaires dans les usines et 5 000 000 de femmes s'ajoutait à la puissance de production britannique (55% de la population britannique en 1944 était engagée dans l'armée ou dans les usines de guerre) pour fournir aux soldats du monde entier les moyens de livrer la dernière bataille, celle de l'invasion de l'Europe.

Ils comptent sur l'appui essentiel de la Russie en guerre qui, depuis la victoire de Stalingrad en décembre 1942, lance régulièrement des offensives. Un effort de fabrication sans précédent a rendu possible le redressement militaire : quand ils reprennent aux Allemands la riche région du Caucase, les Russes remettent aussitôt en activité les champs de pétrole de Bakou, qui produisent 27 millions de tonnes par an, quatre fois plus que le pétrole de Roumanie qui est encore à la disposition de l'Allemagne et qui fournit de l'essence pour les *Panzer*.

A l'est, Hitler a perdu la guerre

Staline, pendant l'avance allemande, a pris soin de déménager vers l'est toutes les usines des régions envahies. 1 500 entreprises, 10 000 000 de travailleurs ont été évacués vers la Sibérie et l'Oural, où les usines ont été remontées en un temps record. 3 000 000 de femmes ont été engagées dans les ateliers, 750 000 jeunes filles font marcher les trains. Les usines les plus performantes sont décorées, félicitées. Une médaille spéciale, celle du « drapeau rouge du travail », récompense les meilleurs ouvriers et ouvrières. On allonge la journée de travail et l'on supprime les congés : grâce à cet effort, les Russes alignent 25 000 chars et 40 000 avions. Les 122 000 canons de l'armée Rouge vont écraser l'armée d'Hitler sous un déluge de feu.

6 000 000 de soldats de l'armée Rouge attaquent avec 6 000 chars et 8 000 avions l'armée allemande, qui n'a plus que 5 000 000 d'hommes et à peine 3 000 avions. Il est vrai que les nouveaux chars *Tiger* et *Panther* entrent en action. Vont-ils venir à bout du redoutable *T34* des Russes ?

Ceux-ci utilisent au maximum leur supériorité en artillerie. Les fusées *Katioucha*, les nouveaux avions

d'assaut *LA5* attaquent les *Panzer* : la dernière offensive d'Hitler, dans le secteur de Koursk, échoue devant la puissance de feu supérieure de l'armée Rouge : une immense bataille de chars a vu s'affronter 850 tanks russes et 600 *Panzer*.

De Smolensk jusqu'à la mer Noire, du nord au sud, les Russes avancent partout pendant l'été de 1943. Ils franchissent le grand fleuve du Dniepr, aussi large qu'un bras de mer, en lançant des gués artificiels en béton. Ils reprennent Kiev en novembre : la reprise de la ville sainte est annoncée dans toutes les Russies comme une immense victoire. Déjà les chars *T34* se précipitent sur le fleuve Bug. Au sud, ils marchent sur Odessa. Au nord, une grande offensive d'hiver permet enfin de dégager Leningrad dont les habitants mouraient de faim à la suite d'un très long siège. En mars 1944 le Bug est franchi, l'armée Rouge entre en territoire polonais, Odessa, Sebastopol sont prises, l'Ukraine, la Russie blanche sont libérées.

En juin 1944, l'armée Rouge s'apprête à lancer sa grande offensive d'été, qui la conduira aux portes de l'Allemagne et de la Roumanie. À l'est, Hitler a perdu la guerre. Les clés de la forteresse Europe sont entre les mains de Staline.

L'Italie est enfin conquise

À l'ouest, les Alliés marquent le pas. Pendant que Staline constitue des équipes communistes pour les futurs pays libérés, Tchèques, Polonais, Roumains, et qu'il se prépare à révolutionner la carte de l'Europe, le « second front », promis par Churchill et Roosevelt, n'est toujours pas ouvert. On accepte enfin d'envisager un débarquement en France pour le mois de mai 1944.

Churchill veut d'abord libérer l'Italie, mais les Alliés piétinent devant la redoutable ligne fortifiée Gustav, qui permet aux Allemands de barrer, avec 23 divisions seulement, la « botte » italienne et d'empêcher toute avance sur Rome. Deux divisions françaises, commandées par le général Juin et levées en Afrique du Nord, débarquent à Naples. Elles sont aussitôt engagées aux côtés des Américains. Leur mission ? Prendre le fleuve Garigliano et le mont Cassin, où sont

Poste de parachutistes allemands à un carrefour en Italie. On notera la tenue d'été en toile et le casque, modification de casque d'infanterie Mle 34. En Italie, 2 divisions de paras ont été engagées : la 1re (général Heidrich) dans la défense de Monte Cassino, la 4e, en deuxième ligne, pour tenir la ligne Caesar qui devait couvrir Rome.

La carte de la campagne d'Italie (ci-contre) *vous montre les trois débarquements dans le sud de la Botte (septembre 1943) et la tentative d'Anzio-Nettuno (janvier 1944). On voit que les grands axes de progression devaient longer l'épine dorsale de la péninsule, les monts Apennins. Les opérations furent ralenties en juillet 1944 quand le gros des forces engagées en Italie fut basculé sur le sud de la France. L'Italie du Nord ne sera libérée qu'au printemps 1945.*

Devant les ruines du village de Cassino (au second plan), *au pied du Monte Cassino et son monastère ravagé par les bombardements, un canon anti-aérien de 40 mm Bofors, servi par des soldats britanniques, veille contre une réaction possible de la Luftwaffe.*

Les Tabors marocains du corps expéditionnaire français célèbrent, le 13 mai 1944, leur victoire au sommet du mont Majo, clef de la percée en direction de la vallée du Liri, qui amènera la chute de Monte Cassino (18 mai). Coiffés du casque anglais, les Tabors portent leur djellaba rayée marron et noir sous leurs équipements en toile américains.

retranchées des troupes d'élite allemandes fortement armées. Les Américains ont réussi à débarquer à Anzio, en arrière de la ligne Gustav, mais ils ne parviennent pas à progresser. Le général Clark, qui commande les unités alliées du Sud, sait qu'il doit rapidement faire sa liaison avec les troupes d'Anzio, qui risquent d'être rejetées à la mer.

Une bataille extrêmement meurtrière s'engage, où les Français de Juin se couvrent de gloire. Les *tabors* marocains réussissent à faire flotter le drapeau français au sommet du mont Majo, après une escalade très difficile de ce massif de 1 500 mètres d'altitude. Les Polonais de l'armée britannique s'emparent du mont Cassin. La ligne allemande est percée, l'avance vers Rome commence. Les Français s'emparent de Sienne, Rome est prise le 5 juin 1944.

En Allemagne, des villes en flammes

À cette date, la grande armée alliée réunie en Angleterre boucle ses bagages pour s'embarquer : l'invasion de la Normandie, appelée en code militaire opération *Overlord,* commence enfin. Elle a été préparée par un gigantesque bombardement de l'Europe du Nord-Ouest, et des villes d'Allemagne. Hambourg brûle. À Berlin, le *Reichstag*, siège de l'assemblée allemande, la Grande Chancellerie d'Hitler sont en flammes, il y a 400 000 sans-abri. Les bombes incendiaires lancées en « tapis » font courir un fleuve de liquide enflammé dans les avenues, qui pénètre dans les caves par les soupiraux. Les civils sont asphyxiés, brûlés : on compte de 800 à 1 000 victimes par grand raid. La défense allemande est forte : en quelques mois la VIIIe armée américaine a perdu près de 5 000 avions. La redoutable *Flak* (défense antiaérienne) peut réunir autour des objectifs vitaux des « cercles » de 500 canons qui interdisent l'espace aérien aux bombardiers, grâce aux « nappes d'éclats d'obus » qui détruisent tout ce qui pénètre dans l'espace interdit. Les Allemands

estiment à 3 000 obus la quantité nécessaire à l'élimination d'un seul avion.

Les raids s'intensifient dans les semaines qui précèdent l'opération *Overlord*. Les gares, les ponts, les ateliers du chemin de fer, les routes, les ports et les aérodromes sont systématiquement attaqués : en avril 1944, 60 trains seulement sur 100 arrivent en Allemagne et 32 en mai. Les pertes sont lourdes sur le terrain, particulièrement dans la banlieue de Paris, où les maisons qui entourent les installations ferroviaires sont durement frappées : 193 tués le 18 avril à Val-d'Athis, près de Juvisy, 300 tués à Noisy-le-Sec, 19 000 sinistrés et des morts nombreux à Bobigny, Romainville, Montreuil et même au Pré-Saint-Gervais. Les dégâts sont considérables à Rouen, à Lille, Saint-Nazaire, Marseille. Tous les ports sont laminés par les « tapis de bombes ». À ce prix, les communications de la France, de la Belgique et de l'Allemagne sont coupées à 50 % au moins : les raids ont été efficaces.

200 000 maquisards en 1944

La Résistance complète l'action des bombardiers alliés : les saboteurs de la SNCF font sauter les voies et les ponts, bloquent les aiguillages. Des équipes d'action venant des maquis attaquent les voies de communication, utilisant un explosif nouveau, le « plastic », qui leur vient de Londres.

Tout au long de la guerre, les villes françaises eurent à subir les bombardements alliés. Ils visaient surtout les installations industrielles ou ferroviaires. Mais, ils tapaient souvent à côté. Le bombardement du 21 avril 1944, ce furent les quartiers de Barbès et de Montmartre qui furent touchés : 483 morts et plus de 2 000 blessés. Dans la nuit du 26 au 27 mai, il y eut 600 morts à Lyon, 870 à Saint-Étienne, 1 970 à Marseille, 380 à Amiens et à Avignon.

Des « containers » (vastes récipients métalliques largués avec des parachutes) sont en effet lâchés par milliers sur des terrains de réception, délimités par les maquis. En 1944, plus de 200 000 hommes vivent ainsi dans les bois, les fermes, les bergeries isolées, se ravitaillant sur l'habitant, et renseignant Londres sur le mouvement des troupes allemandes et de la « milice », une armée de répression dont les 5 000 « francs gardes » commandés par Joseph Darnand, sont des volontaires levés en France pour attaquer les résistants. En mars 1944, les Allemands, aidés par les miliciens, attaquent avec 12 000 hommes le maquis des Glières dans les Alpes. On compte dans les rangs de l'armée allemande de nombreux volontaires venus de Russie, des Ukrainiens, des Caucasiens, mais aussi des Nord-Africains levés en Tunisie, des Italiens et des Indiens. Les maquisards sont submergés, anéantis : 500 sont fusillés. Partout ailleurs sur le territoire, les maquisards fourbissent leurs armes et glissent les pains de plastic dans leurs musettes : la radio de Londres est formelle : les Alliés vont débarquer.

Où vont débarquer les Alliés ?

L'opération a été minutieusement préparée. Les quadrimoteurs et les hydravions lourds opérant sur l'Atlantique ont réussi à rendre difficiles les raids de sous-marins contre les convois. 75 000 navires, dont la plupart sont des *liberty ships*, ont traversé l'Océan sans dommage pour concentrer en Grande-Bretagne 4 300 000 soldats et 268 millions de tonnes de matériel. Les aérodromes anglais ont été débordés. On a construit de nouvelles pistes bétonnées pour accueillir les forteresses volantes de l'*US Air Force*, les chasseurs-bombardiers, les avions-cargos *Dakota* chargés de lâcher sur l'Europe les containers bourrés d'armes, et sur la Normandie les compagnies de parachutistes. Des centres d'entraînement spéciaux pour les commandos ont été créés, où sont affectés non seulement des Américains et des Britanniques, mais des volontaires

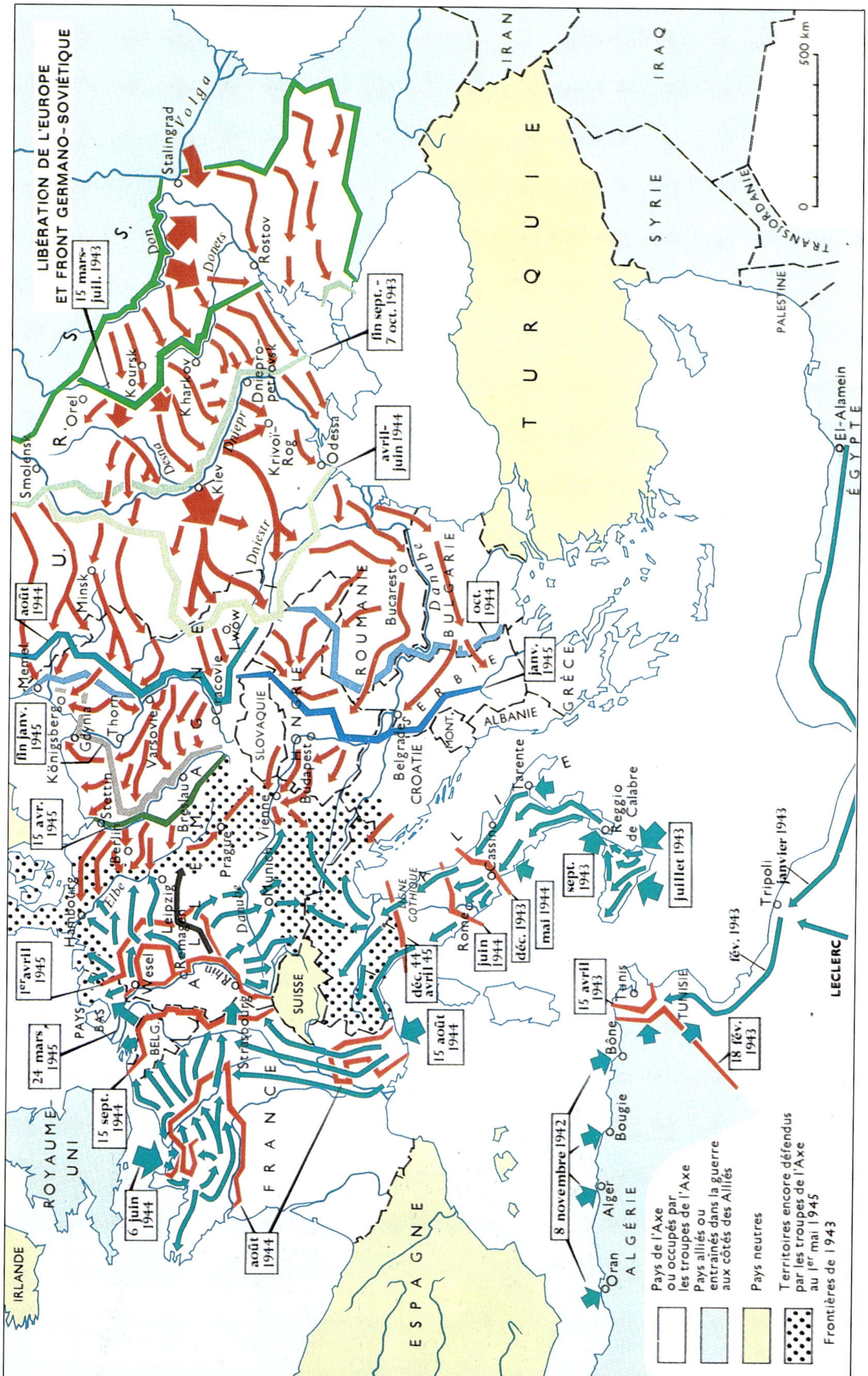
LIBÉRATION DE L'EUROPE
ET FRONT GERMANO-SOVIÉTIQUE
Pays de l'Axe ou occupés par les troupes de l'Axe
Pays alliés ou entraînés dans la guerre aux côtés des Alliés
Pays neutres
Territoires encore défendus par les troupes de l'Axe au 1er mai 1945
Frontières de 1943
0
500 km

français, belges, hollandais, norvégiens, polonais et tchèques.

Le général en chef qui commande l'opération est américain. Il a été désigné d'un commun accord par Roosevelt et Churchill et se nomme Eisenhower. Quand il prend son commandement à la fin de 1943, la zone de débarquement a déjà été choisie et étudiée. Les reconnaissances aériennes très nombreuses ont permis de reconstituer image par image une bande continue représentant les côtes de Normandie.

Les Alliés ont en effet renoncé à débarquer en Hollande ou dans le Pas-de-Calais en raison du trop grand nombre des batteries lourdes allemandes. La XVe armée allemande établie dans le Nord est la plus aguerrie et la mieux équipée des unités dont dispose à l'ouest le général en chef allemand von Rundstedt. C'est donc en Normandie que l'on décide de lancer *Overlord*. On sait que Rommel, qui commande le groupe d'armées allemand de la Loire aux Pays-Bas, n'a pas réussi à compléter les défenses de la côte normande. Pourtant les Alliés sont méfiants : ils ont tenté de débarquer à Dieppe en 1942 et ils ont subi un échec sanglant. Ils savent qu'ils ne peuvent attaquer les ports du Havre et de Cherbourg dont les Allemands ont fait des forteresses. Leur armée prendra pied sur les plages.

Elles sont défendues, à marée basse, par des blocs de béton triangulaires et par des « asperges de Rommel », simples pieux de bois au sommet desquels sont fixés des explosifs. À marée haute, les péniches sauteront sur ces engins. À marée basse les obstacles sont repérables, mais les troupes débarquées seront longtemps sous le feu des armes automatiques, des nids de mitrailleuses embusquées dans les bunkers. Eisenhower choisit un moyen terme : on débarquera à mi-marée, pour éviter les obstacles rendus visibles et réduire la distance d'assaut. L'ordre d'attaque sera donné à l'aube, pour que l'aviation puisse neutraliser avec précision les défenses ennemies, ainsi que les canons lourds de la marine. Il faut aussi choisir une nuit de clair de lune, pour les lâchers de parachutistes. En juin, le calcul des pleines lunes et des marées rend l'opération possible seulement autour du 15 ou du 4 au 7. C'est le début du mois qui est retenu.

Débarquement de la 4e division d'infanterie américaine à Utah Beach, défendue par une division d'infanterie allemande qui se bat en même temps contre la 101e division parachutiste américaine larguée dans la nuit sur ses arrières, à Sainte-Mère-l'Église. Le 6 juin, 50 000 hommes sont jetés dans la bataille. Deux millions d'hommes vont les suivre dans les semaines qui viennent.

La préparation du jour J

Des engins spéciaux sont prévus pour dégager les plages. Les blindés sont transformés en chars fléaux qui font sauter les mines, en chars bulldozers, en chars passerelles pour franchir les fossés, en chars lance-flammes pour attaquer les bunkers. Les Anglais pensent ainsi franchir sans encombre les défenses de Rommel. Au jour dit, des engins, baptisés *crabes* ou *crocodiles*, se lanceront à l'attaque des obstacles en béton et des mines suspendues entre deux eaux.

Eisenhower a prévu de lancer à l'assaut 3 divisions de parachutistes et 5 divisions de blindés et de fantassins : au jour J doivent débarquer 50 000 hommes, 1 500 chars, 3 000 canons, 10 500 *Jeep* et camions. Dans les deux jours suivants, 5 nouvelles divisions doivent entrer en ligne et 18 dans les dix jours suivants, au total, en deux mois, on prévoit le débarquement de 2 000 000 d'hommes, de 39 divisions, de 2 000 000 de tonnes de matériel. Eisenhower est le chef de cette immense entreprise.

5 groupes de combat partiront les premiers : 2 sont américains, dépendant de la Ire armée du

Parachutistes américains en route pour leurs zones de sauts en Normandie. Ils portent le casque M1C (sous-casque et jugulaire spéciaux) et ont accroché leur parachute ventral de secours. Transportés par les fameux Douglas C47 Dakota, ils seront largués sur la Vire et le sud du Cotentin où, malheureusement, nombre d'entre eux périront dans les marais.

Sauts de parachutistes de la 82e division aéroportée, commandée par le général Matthew Ridgway, Cette division, avec sa sœur la 101e, est de tous les combats en Europe : Sicile, Italie, Normandie, Arnhem et franchissement du Rhin. Cette division existe encore aujourd'hui, stationnée aux États-Unis.

général Bradley. Ils doivent s'incruster à l'ouest sur les plages Utah (sud-est du Cotentin) et Omaha (estuaire de la Vire). Les 3 autres forces sont britanniques, elles appartiennent à la Ire armée canadienne de Crerar, à la IIe armée anglaise de Dempsey. Objectifs : les plages Gold, Juno, Sword, Arromanches, 4 000 navires et chalands de débarquement sont prévus pour cette première vague. La flottille se rassemble sur la côte anglaise, de Plymouth à Newhaven, le long de centaines d'embarcadères. Des dragueurs de mines ouvrent des passages en mer.

Comment disposer d'un port pour débarquer immédiatement des renforts en grand nombre ? Churchill fait confiance aux « mulberries », des blocs de béton préfabriqués remorqués à travers la Manche et assemblés sur place en quinze jours : ces deux ports artificiels de Vierville et d'Arromanches doivent pouvoir accueillir chaque semaine 6 500 véhicules et 40 000 tonnes d'approvisionnement. L'essence sera livrée par un oléoduc baptisé *Pluto*, pipe-line géant immergé entre l'île de Wight et Port-en-Bessin et Querqueville.

Pour égarer l'ennemi et lui faire croire à une attaque sur les plages du Nord, l'entourage d'Eisenhower ne ménage pas ses efforts. Il s'agit de fixer loin de la Normandie les 15 bonnes divisions (sur 60) dont dispose von Rundstedt au nord de la Loire, et la dizaine de divisions blindées, bien commandées et composées de chars modernes, modèles *Tiger* ou *Pan-*

Les fantassins de la 1re DI américaine (« The Big Red One ») débouchent de leurs chalands sur la plage d'Omaha Beach, le 6 juin. Il est 6 h 30. Derrière la ligne de dunes, les premiers objectifs : les Marlins, Saint Laurent, le Grand Hameau, qui ne seront atteints qu'en fin de journée, après des combats acharnés. Le 8 juin, les Alliés occupent en Normandie un terrain long de 50 km et large de 10 à 15 km.

ther, très supérieurs aux chars alliés. Un plan d'intoxication, *Fortitude*, est mis en place. On établit de faux cantonnements dans la région de Londres pour faire croire que l'on veut débarquer dans le Pas-de-Calais. On multiplie les reconnaissances aériennes dans le Nord. Elles servent à persuader les Allemands que l'attaque principale aura lieu au nord, et que l'opération de Normandie est une tromperie.

Le stratagème réussit à merveille. Jusqu'au dernier moment les Allemands croient à l'invasion du Pas-de-Calais et gardent au nord la majeure partie de leurs bonnes unités. Mais Rommel a des doutes. Il exige l'échelonnement des divisions blindées. 2 d'entre elles, la XXIe *Panzer* et la *Panzer-Lehr*, sont placées l'une sur la route de Caen, l'autre dans la région de Chartres. L'état-major allemand renonce à l'idée de von Rundstedt d'une vaste concentration de blindés qui livrerait bataille à l'intérieur, sans s'opposer au débarquement.

Rommel ne se trouve pas en Normandie le 6 juin. Il est allé voir sa femme, en Allemagne, il lui apporte un cadeau : des chaussures de Paris. C'est la preuve que les Alliés ont réellement réussi à surprendre le haut commandement allemand. Dans la nuit du 5 au 6 juin, il dormait sur ses deux oreilles.

Le débarquement sur les plages normandes

6 juin à l'aube : les guetteurs allemands des bunkers de Normandie n'en croient pas leurs yeux. Dans la brume qui monte de la mer agitée, sous le ciel gris, ils aperçoivent l'immense flotte alliée qui commence à ouvrir le feu : 3 cuirassés, 10 croiseurs du contre-amiral américain Kirk, dont les croiseurs français *Georges-Leygues* et *Montcalm*, 35 destroyers. À l'est, la *Royal Navy* sous les ordres de l'amiral Philip Vian aligne 3 cuirassés, un monitor, 13 croiseurs et 44

Le « Mur de l'Atlantique » comprenait de nombreux ouvrages en béton mais aussi toute une gamme d'obstacles sur terre et sur les plages. Ici, les fantassins américains tentent de s'abriter des tirs ennemis derrière les poutres destinées à déchirer les coques des navires de débarquement. On voit aussi des poteaux au sommet desquels sont fixées des mines antichars. Il fallut toute la persévérance et l'esprit de sacrifice des unités du génie de plage pour nettoyer rapidement les abords du rivage.

Deux ports artificiels avaient été prévus : Arromanches en zone britannique, Saint Laurent en zone américaine. A peine commencés, ces deux ports furent frappés par la tempête du 19 juin qui balaya les installations de Saint Laurent qui fut abandonné. Dès lors, Arromanches fut développé et aménagé pour recevoir tous les renforts servant à alimenter la bataille de Normandie : 6 000 tonnes de matériel passeront chaque jour par Arromanches, de juillet 1944 à mars 1945. Il devint inutilisable (ensablement) et inutile, en raison de la remise en état des ports libérés (Cherbourg, Le Havre, Anvers).

destroyers dont le français *La Combattante.* Les bâtiments couvrent la côte d'un déluge de feu. Robert Malloy, le field-marshall britannique qui commande l'opération aérienne, dispose de 1 500 avions de reconnaissance ou d'attaque renforcés par les bombardiers lourds : 3 500 appareils capables de larguer des bombes géantes sur les blockhaus de béton. Les quelques unités de la flotte allemande et les 500 avions de la *Luftwaffe* sont aussitôt dispersés, anéantis. Les Alliés, comme prévu, sont maîtres du ciel et de la mer. Reste la terre à conquérir.

Dans la nuit du 5 au 6, les parachutistes américains ont été largués dans le Cotentin. Ils ont eu du mal à se regrouper. Des planeurs transportant hommes et matériel capotent dans les marais et les chemins creux. Les hommes ne se retrouvent pas facilement dans la nuit. Pourtant une division réussit à faciliter le débarquement américain sur la plage Utah. La surprise est telle que les premiers débarquements ne sont pas sérieusement contrariés. Les Allemands sont sans liaisons, sans ordres. Ils laissent franchir les premiers obstacles. Déjà les parachutistes, dans certains secteurs, les attaquent par-derrière et font sauter les bunkers. La résistance la plus efficace est celle du secteur Omaha, où les pertes américaines sont importantes. Partout ailleurs les radars allemands étaient brouillés, les communications coupées, les raids de reconnaissance impossibles : les Allemands n'avaient aucun renseignement précis sur le front. Ils donnaient des ordres à l'aveuglette. Sur les plages attaquées par les Britanniques, l'utilisation immédiate des blindés nettoyeurs d'obstacles fit merveille. Les *rangers* suivaient les blindés sans prendre de risque, alors que sur la plage Omaha les Américains, qui avaient négligé le recours à ces engins spécialisés, se faisaient hacher par les nids de mitrailleuses. Les Allemands eurent l'impression que l'effort principal était axé sur Caen. Ils y firent converger tous leurs renforts.

C'était tomber dans le piège, et permettre aux Américains de s'emparer de la presqu'île du Cotentin et de Cherbourg, conformément au plan d'Eisenhower. Les *Panzer* convergeant sur Caen, les Américains purent faire la liaison entre Utah et les divisions aéroportées, et dégager immédiatement Omaha en difficulté. Les Britanniques, qui avaient pris Bayeux, réussissaient le 8 juin leur jonction avec les Américains.

Le retard des *Panzer* avait permis aux Alliés de constituer une solide tête de pont et de réussir le débarquement.

Les Allemands ont perdu la guerre

Les Alliés occupent une large bande de territoire de 6 à 8 kilomètres de profondeur. Ils peuvent débarquer leurs réserves à l'aise. Les pertes sont élevées : 11 000 tués et blessés, mais 200 000 soldats alliés ont percé le front allemand.

3 *Panzer* sont finalement à pied d'œuvre devant Caen, qui ne peut être enlevée. Les chars géants s'embusquent, s'enterrent, se camouflent, échappent aux raids de l'aviation. Les chasseurs-bombardiers alliés les accablent de tirs de roquettes : en vain. Ils tirent au canon lourd sur les *Sherman*, les *Churchill* et les *Cromwell* qui s'alignent dans la plaine de Caen. Les blindés britanniques sont décimés. Ils brûlent en grand nombre et doivent reculer. Ils attendent des renforts pour lancer l'assaut décisif qui les conduira jusqu'aux bords du Rhin.

Si l'on en croit Rommel, les Allemands n'ont plus les moyens de gagner la bataille de Normandie parce qu'ils n'ont pas réussi à repousser les forces de débarquement. Certes les fortifications du mur de l'Atlantique ont fait la preuve de leur valeur. Ni les bombes ni les obus n'ont pu percer l'épaisseur du béton, et les canons à tir automatique ont fait merveille contre les vagues d'assaut. Mais ces défenses étaient trop clairsemées, elles laissaient de grands espaces libres. Dès qu'elles étaient franchies, les Alliés tombaient sur un terrain non fortifié, où ils pouvaient aisément s'enfoncer. Seuls les ports étaient défendus comme des places fortes : ils résisteraient longtemps.

Dans son quartier général où il est préoccupé par la grande offensive soviétique de l'été, Hitler peste contre les généraux de l'Ouest, il s'indigne que Rommel ait pu s'absenter le jour J parce qu'il faisait si mauvais temps le 5 que personne ne croyait à un débarquement cette nuit-là. Il donne des ordres pour galvaniser la résistance et fait marcher, trop tard, ses *Panzer* sur des routes constamment attaquées par les chasseurs-bombardiers anglais et américains. Les ponts sautent sous les charges de plastic posées par la Résistance française. L'assaut de la forteresse Europe est donné à l'ouest comme à l'est. Les Allemands, doivent se battre

Les ruines de Caen après sa conquête par les troupes anglaises et canadiennes, le 9 juillet 1944. Cette image illustre bien les souffrances subies par les villes normandes. Défendue par deux divisions blindées allemandes, Caen demandera l'engagement de trois corps d'armée britanniques pour sa libération.

Écrasée sous les bombes dans la nuit du 5 mars au 6 juin, Saint-Lô reste ville morte jusqu'en juillet. Quatre divisions américaines réussirent après dix jours de combats farouches, à entrer dans la ville le 18 juillet. Appelée « la capitale des ruines », elle n'abritait plus que dix habitants lors de leur arrivée.

Descendant d'un Scout-car de la 2e DB, le général Leclerc s'apprête à entrer dans la gare Montparnasse où il va recevoir la capitulation de la garnison allemande de Paris. Le général von Choltitz, commandant le « Gross Paris », est encore assis dans le véhicule et va descendre à son tour. Une plaque commémore cet événement, apposée aujourd'hui à l'emplacement de la gare démolie depuis.

sur 3 fronts, en comptant celui d'Italie. Ils savent désormais qu'ils ne peuvent gagner la guerre.

En septembre 1944, la France est libérée

Le front de l'Ouest s'effondre rapidement : les maquis ont largement participé à la bataille notamment en Bretagne où l'on a parachuté les hommes du colonel Bourgoin. Les Allemands ont réussi à réduire le maquis de Saint-Marcel au prix de furieux combats, mais la péninsule a été vite libérée sous l'action de milliers de maquisards qui ont aidé les colonnes américaines de Patton. Dans le Centre, les forces allemandes de répression ont scandalisé la population en pendant les otages à Tulle, en exterminant les familles d'Oradour-sur-Glane. En juin, le soulèvement du Vercors dans les Alpes a immobilisé une division de la *Wehrmacht*. L'assaut a été donné le 16 juillet. 600 maquisards ont été massacrés. Les partisans du mont Mouchet, dans le Massif central, ont réussi à se disperser après avoir retenu pendant plusieurs jours 20 000 Allemands.

Au début du mois d'août, les Alliés ont fait leur percée en Normandie. Ils sont 1 500 000 à combattre en France. Ils ont pris la Bretagne grâce à la trouée d'Avranches, laissant subsister des « poches » de résistance à Brest, Lorient, Saint-Nazaire et La Rochelle. Hitler a perdu 500 000 soldats encerclés par les Alliés dans la région de Falaise. Le 19 août au matin, l'insurrection a éclaté dans Paris, des barricades ont surgi des rues, les maquisards ont occupé les mairies et la préfecture de police, avec l'aide des agents résistants. La division Leclerc qui vient de libérer Alençon a foncé sur Paris où de Gaulle, le 26 août, entend le *Te Deum* à Notre-Dame et proclame à l'Hôtel de Ville la restauration de la République.

Un deuxième débarquement, en Provence, lance dans le Midi de nouvelles forces de libération le 15 août 1944. Une armée mi-française (avec de Lattre de Tassigny) mi-américaine débarque du cap Nègre à Agay, prend Toulon et Marseille, s'enfonce profondément dans la vallée du Rhône et sur la route Napoléon. Grenoble, Valence, Lyon sont libérées. De très durs combats sont livrés en Bourgogne, mais le 12 septembre les blindés de Leclerc font leur liaison avec ceux de De Lattre. En septembre, la campagne de France est terminée. L'essentiel du territoire est libéré même si Patton piétine devant Metz et de Lattre devant Colmar. La forteresse Europe est tombée : il n'y a plus pour Hitler que le réduit allemand.

L'EMPIRE DU SOLEIL LEVANT

ET 15
15

L'EMPIRE DU SOLEIL LEVANT

Le président F.D. Roosevelt *(en haut à gauche)* annonce le « Jour d'infamie » : l'attaque par surprise de Pearl Harbor par le Japon sous le commandement de Yamamoto *(au centre)*. Les USA déclarent la guerre au Japon se joignant à la Chine de Tchang Kaï-chek et du général Joe Stilwell *(en bas à gauche)*. Les combats vont s'étendre de la Malaisie à Guadalcanal dans les îles Salomon *(bas de page de gauche)*. La réaction américaine va du bombardement de Tokyo par des bombardiers B-25, dès avril 1942, à la conquête d'Iwojima, où le drapeau américain est planté sur le mont Suribachi, tandis que les pilotes suicide japonais, se jettent sur les bateaux américains *(milieu gauche de la page de droite)*.
La guerre est conduite par deux figures légendaires, le général Douglas MacArthur et l'amiral Chester Nimitz *(en haut à droite)*. Elle oppose aviateurs, sur le Grumann F6 Hellcat américain ou le Mitsubishi A6 Zéro japonais *(page de droite, au centre)*, et marins des porte-avions, ici l'*Enterprise*, de l'US Navy *(au milieu, en bas)*. Le fameux « Batman » dirige avec ses raquettes de tissu l'appontage des appareils retour de mission.

Ils sont 80 millions, contre 450 millions de Chinois, les Japonais du Mikado. Ils adorent leur empereur comme un dieu vivant, mais ne peuvent vivre plus longtemps sur leurs îles rocheuses et pauvres, qui n'ont ni pétrole, ni fer, ni houille. Pour développer une puissante industrie moderne ils ont franchi la mer, envahi la Corée toute proche, puis la Mandchourie au nord de la Chine, en 1931. Cette dernière agression a indigné le monde entier, mais les Japonais expliquent aux Anglais, aux Américains, aux Français qu'ils ont aussi besoin d'un empire colonial, économique et commercial pour vivre, et qu'ils doivent au besoin le conquérir par les armes. Les Américains, maîtres des Philippines, les Français d'Indochine et les Anglais des Indes et de la Birmanie ne trouvent rien à répondre.

Les Japonais s'emparent de la Chine

Les Japonais trouvent en Corée et en Mandchourie des matières premières et du charbon, qui leur permettent de devenir la première puissance industrielle et militaire d'Asie. Leurs chantiers navals contruisent à longueur d'année des porte-avions, des cuirassés et des sous-marins. Ils savent aussi construire des chasseurs torpilleurs très rapides, les *Zéro*, et même des chars légers. De Grande-Bretagne sont venus les modèles permettant d'équiper la flotte en pièces lourdes. Les ingénieurs se sont formés dans les universités et les écoles étrangères, avant que les professeurs japonais ne soient assez nombreux pour instruire et former des cadres capables de faire fonctionner l'industrie. En 1941, cette production de guerre existe : elle est assez puissante pour que le Japon ose défier le premier pays industriel du monde, les États-Unis d'Amérique.

Il commence par déclarer en 1937 la guerre à la Chine, qui est mal protégée par les Américains. 1 000 000 de soldats japonais en armes débarquent en Chine et s'emparent des régions côtières, des mines, des chemins de fer. Le maréchal Tchang Kaï-chek, président de la République chinoise, n'a pas assez d'avions pour lutter contre les 2 700 appareils japonais qui bombardent, mitraillent et répandent la terreur. Les Japonais font une guerre atroce, massacrant les prisonniers et pillant les régions conquises. Tchang Kaï-chek, pour éviter un désastre, se retire dans une province intérieure et montagneuse, où il mobilise des soldats pour la guérilla. Il abandonne le reste de la Chine aux Japonais, qui sont ainsi les maîtres, dès 1940, de ses immenses richesses.

Mais pour lancer leur politique de conquête, il leur faut du pétrole, et tous les puits sont entre les mains des Américains, des Anglais et des Hollandais, maîtres des îles d'Indonésie. En coupant le robinet du pétrole, le président Roosevelt peut contraindre, de Washington, la flotte japonaise à l'immobilité. À moins qu'elle ne fasse très rapidement la conquête de l'Indonésie, où le pétrole coule à flots : c'est exactement l'idée du général Tojo que l'empereur (ou mikado) nomme en octobre 1941 chef du gouvernement japonais.

Le théâtre d'opérations du Pacifique recouvre le tiers de la surface du globe : 175 millions de km². Il y a 8 400 km de Tokyo à San Francisco, et 8 000 de Tokyo à Sydney. La France ne couvrirait que le tiers de l'île de Nouvelle-Guinée.

Le fusil, un objet sacré

Le pays est prêt à la guerre. Les usines d'armement tournent jour et nuit. Les enfants des écoles apprennent depuis longtemps l'exercice du soldat. Les fantassins japonais ont appris à marcher 70 kilomètres par jour sans arrêt. Ils savent qu'en cas d'échec ils ne doivent pas se rendre mais se tuer, à l'exemple de leurs officiers. Leurs fusils sont tous marqués du chrysanthème, fleur de l'empereur. Ils ne peuvent les abandonner sans péché grave contre la religion, ce sont des objets sacrés. L'armée dispose d'un réseau serré d'espions et d'agents secrets, les *ninjas*, combattants de l'ombre qui peuvent être des civils, mais qui travaillent pour l'état-major de l'armée. On enseigne à tous le triomphe prochain de la race nippone que l'on présente comme très supérieure aux Blancs colonisateurs. Les autres peuples de race jaune, n'étant pas les fils du mikado, sont toujours traités en inférieurs et tenus par la terreur à l'obéissance : ainsi des Mandchous ou des Coréens. L'armée japonaise a multiplié les atrocités

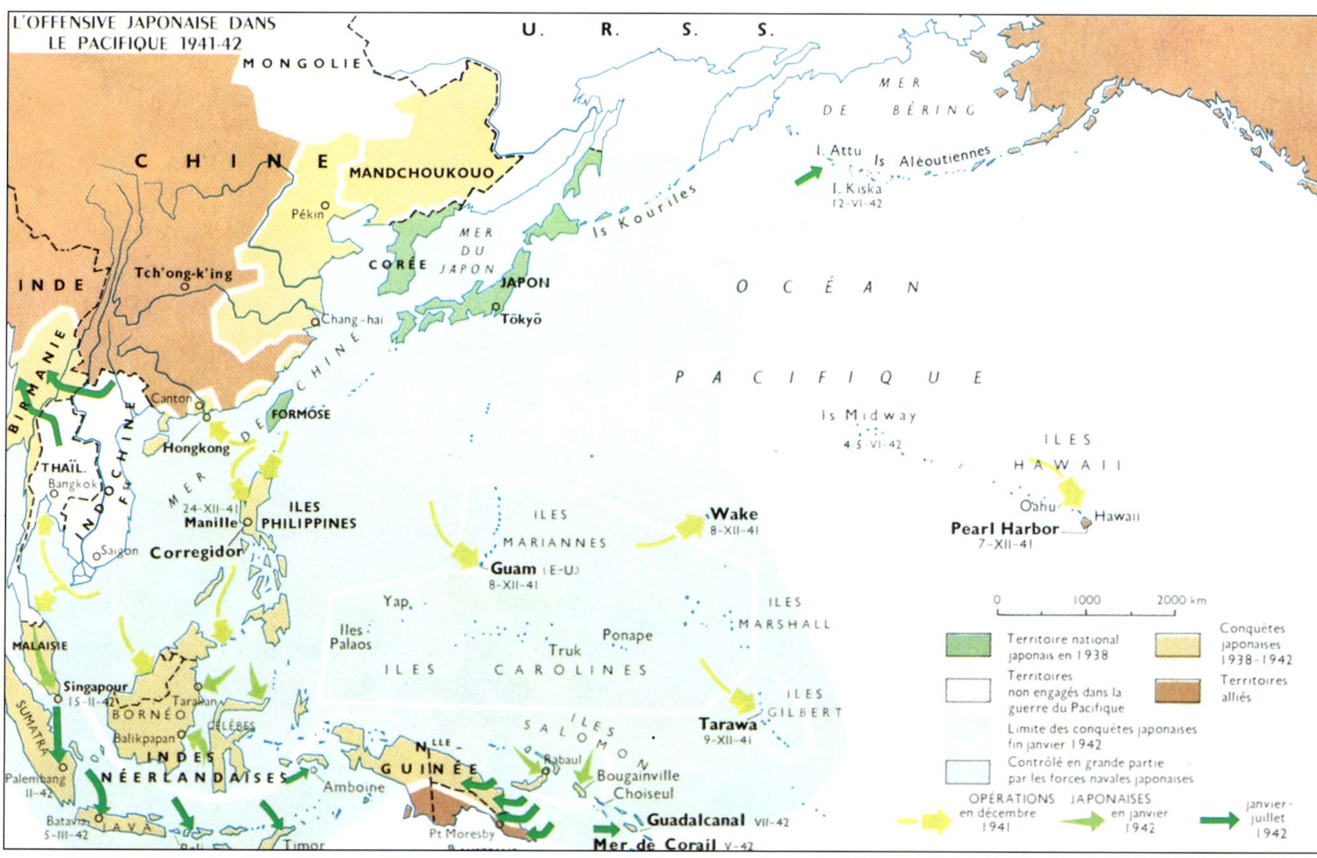

dans la guerre de Chine, se servant des prisonniers comme cibles vivantes pour les exercices de tir.

Les soldats japonais sont pour moitié des campagnards enrôlés pour trois ans et commandés par des sous-officiers issus également des villages. Les officiers sont entrés à l'âge de 14 ans dans une des 6 écoles militaires du pays. Les meilleurs ont été formés à l'académie de Tokyo. La marine surtout est l'objet de tous les soins, ainsi que l'aviation de chasse et de bombardement : les Japonais disposent de 11 porte-avions (contre 4 américains), de 15 cuirassés (contre 10), de 50 croiseurs, de 110 destroyers et de 70 sous-marins. Ils savent organiser des opérations amphibies, des débarquements surprises où marins, aviateurs, artilleurs et fantassins combattent ensemble. Les 2 600 appareils de l'aéronavale surclassent les 1 300 avions américains et alliés, dont beaucoup sont des vieux modèles. Ces appareils ont des réservoirs d'essence sous les ailes qui leur permettent de voler très loin. Cette immense force aéronavale est commandée par des amiraux qui sont nommés directement par l'empereur et qui appartiennent à un ordre féodal, comme les chevaliers du Moyen Âge occidental. Le mikado décore les meilleurs d'entre eux de l'Épervier d'or. Les soldats appellent un officier « Votre Altesse » et saluent du titre de « Prince du sang » ou « Parent de l'Empereur » l'amiral Yamamoto, qui a promis au mikado, en cas d'entrée en guerre, au moins six mois de victoires.

Le Japon attaque à Pearl Harbor

Le 7 décembre 1941, sans déclaration de guerre, une flotte aérienne embarquée sur des porte-avions attaque la base américaine des îles Hawaii, Pearl Harbor, située à mi-chemin de San Francisco aux Philippines.

La surprise à terre est complète et l'amiral Yamamoto peut envoyer très vite à Tokyo un bulletin de victoire. Les avions ont attaqué à la bombe les navires américains ancrés deux par deux. Pas un navire américain n'en réchappe. Les avions sont cloués au sol. Il n'y a presque pas de riposte. Les beaux cuirassés *California* et *Oklahoma* sont en feu, l'*Arizona* explose avec ses 32 000 tonnes de ferraille déchiquetée. Le

Mêlant fortement la religion et le culte de l'empereur, les combattants japonais s'inclinent dans le temple de Yasukuni dédié à la mémoire des samouraïs morts au service du mikado.

Nevada coule. Les Américains viennent de perdre la seule force dont ils disposaient dans le Pacifique, et les fabrications de guerre n'ont pas vraiment commencé sur une grande échelle dans leurs usines. Tout le monde s'attend à Washington, quand le président Roosevelt déclare la guerre au Japon, à l'invasion des Philippines qui sont très mal défendues.

Les Japonais attaquent partout en même temps vers le sud et le sud-ouest. Ils ont envahi l'Indochine française sans combat, ayant antérieurement passé un accord avec le gouvernement français de Vichy. Ils lancent des flottes vers la Malaisie, vers Hong Kong, les îles de Guam et de Wake.

Le général MacArthur, qui commande les forces américaines des Philippines, attend en vain des renforts. Les bombardiers japonais ont détruit au sol la plupart de ses avions. Manille est prise, les Américains se réfugient dans la presqu'île de Bataan. Ils se croient protégés par les fortifications de Corregidor. Les marines du colonel Howard sont une troupe d'élite qui peut s'accrocher à la forteresse, mais qui devra se rendre, faute de munitions. Le général MacArthur, pour échapper à la capture, part pour l'Australie en disant : « Je reviendrai ! »

Les Philippines sont perdues. Des maquis s'organisent dans la montagne, irritant les Japonais qui se livrent à des représailles. Les troupes massées dans Bataan, 60 000 hommes, doivent se rendre. Les Japonais les forment en colonnes et leur font accomplir, sous un soleil de plomb, la « marche de la mort ». Les gardiens frappent les hommes assoiffés et affamés qui sont achevés quand ils tombent.

Seules l'Australie et la Nouvelle-Zélande...

Les Japonais se sont précipités sur les îles riches en pétrole de Malaisie, pour trouver du carburant pour leur flotte et leur aviation. Ils n'ont devant eux que 10 000 Hollandais et 80 000 Britanniques. La base anglaise de Hong Kong est enlevée grâce aux attaques incessantes des appareils embarqués sur 6 porte-avions, ou basés dans l'île de Formose et en Indochine française. Les 500 marines de l'île de Guam ne peuvent résister longtemps. À Hong Kong les Japonais ont coupé l'eau et l'électricité pour obliger la garnison à se rendre : la ville a été pillée de fond en comble. Cette première victoire contre la domination coloniale de l'Europe est célébrée à Tokyo avec éclat. L'Angleterre ne fait plus peur en Asie.

Ils ont occupé le Siam et coulé 2 des navires les plus modernes de la *Royal Navy* : le *Prince of Wales* et le *Repulse.* Tous les soldats britanniques, indiens et australiens refluent en désordre vers la grande base de Singapour. En 54 jours, la péninsule de Malaisie a été conquise. Dans la nuit du 8 au 9 février 1942, 15 000 Japonais attaquent à Singapour. La ville tombe le 15 et le drapeau japonais flotte sur la citadelle, qui était l'orgueil de l'Angleterre. 80 000 prisonniers souffrant

7 décembre 1941 : les Japonais viennent d'attaquer la base américaine de Pearl Harbor. Des sauveteurs s'approchent du cuirassé West Virginia *qui s'est enfoncé droit dans l'eau, victime des bombes et des torpilles. Il a protégé son voisin, le* Tennessee, *qui sera moins gravement endommagé. Tous deux, relevés et réparés, seront de toutes les batailles navales du Pacifique dès le début 1944.*

Hiro Hito (1901-1989) est devenu empereur du Japon en 1926, donnant à son règne le nom de Showa (« Lumière de Paix »). Malgré des qualités humaines certaines, il ne pourra (ou ne voudra) pas empêcher le glissement du Japon vers une dictature des militaires, et, par-delà, vers la guerre.

de soif et de faim prennent à pied la route des camps de la jungle, où beaucoup mourront.

Restait à s'emparer du pétrole des Hollandais, en descendant dans les îles d'Indonésie, Java, Bornéo, Sumatra, les Célèbes, toutes situées au sud de la Malaisie. 2 convois japonais partaient aussitôt d'Indochine et des Philippines pour se concentrer sur Java, le 27 février 1942 : 96 transports de troupes protégés par 5 porte-avions. La flotte alliée fut rapidement coulée : le 6 mars, les Japonais étaient vainqueurs et occupaient l'île. Ils construisaient aussitôt des camps pour enfermer les militaires néerlandais et britanniques, ainsi que la population blanche.

Le général Tchang Kaï-chek (surnommé « Gimo », pour Generallissimo, par les Américains) dirige la Chine depuis 1927. Lors de l'attaque japonaise, il transfère la capitale de Nankin à Tchoung King, très à l'intérieur du pays.

Les Japonais envoyaient encore des troupes en Birmanie, pour couper la route qui permettait aux Anglais, à partir des Indes, de ravitailler les armées chinoises de Tchang Kaï-chek. Les conquêtes étaient immenses : le Japon était le maître de tout le Pacifique ouest, jusqu'aux Indes et à l'Australie. Seuls, en effet, les Australiens et les Néo-Zélandais constituaient désormais un barrage vers l'ouest, mais déjà les Japonais débarquaient en Nouvelle-Guinée, où ils progressaient difficilement dans la jungle épaisse. Les Américains pourraient-ils venir en aide aux Australiens et Néo-Zélandais ? La guerre du Pacifique supposait une formidable production de navires marchands et de navires de guerre. Elle ne pouvait être gagnée que par la supériorité du matériel. C'était une guerre industrielle.

50 000 prisonniers anglais pour un chemin de fer

Les Japonais utilisaient pour leur part la main-d'œuvre indigène pour établir des bases dans leurs conquêtes, et même la main-d'œuvre des prisonniers de guerre : c'est ainsi que 50 000 prisonniers britanniques — dont 16 000 moururent dans d'atroces souffrances — furent employés à la construction d'un chemin de fer au Siam. Des îles Salomon jusqu'à Tokyo, sur 5 000 kilomètres d'Océan, l'administration japonaise s'installait, affirmant son intention d'imposer l'« ordre nouveau » en Extrême-Orient. La Corée devenait complètement japonaise : on apprenait dans les écoles seulement la langue des fils du Soleil-Levant. La Mandchourie était devenue, grâce à ses mines de fer et de charbon, l'arsenal de l'empire, ainsi que la Chine du Nord. L'occupation japonaise était dure et vigilante.

L'avance des Japonais dans le Pacifique sud avait isolé la Chine où toute résistance semblait impossible, faute d'approvisionnement en armes et en munitions. Tchang Kaï-chek demande du secours à Roosevelt. Celui-ci lui envoie un général américain, Stilwell, qui parle le chinois et qui a servi en Chine. Stilwell essaie de lancer les généraux chinois à la reconquête de la route de Birmanie : c'est un échec. Stilwell lui-même, avec une poignée de ses concitoyens, n'échappe à la mort et à la capture que par une longue marche dans la jungle. Cet homme de 59 ans échappe aux Japonais mais aussi aux éléphants sauvages, aux sangsues de 20 centimètres de long, et aux moustiques. « Cacahuète » se fâche. C'est le surnom donné par Stilwell au maréchal Tchang Kaï-chek. Il écrit à Roosevelt qu'il exige la livraison de 500 avions, l'entrée en ligne des troupes américaines en Birmanie et l'organisation du ravitaillement aérien de la Chine par-dessus l'Himalaya. Roosevelt promet tout ce que veulent les Chinois. Il a absolument besoin de leur résistance pour gagner la guerre du Pacifique.

Quant aux Japonais, ils envisagent, à partir de leurs immenses conquêtes du Pacifique ouest, trois directions d'attaque pour le futur proche :

— par les îles Aléoutiennes (qu'ils occupent dans le nord de l'Océan) débarquer en Alaska,

— par la Nouvelle-Guinée, envahir au sud-ouest l'Australie,

— par l'occupation de l'archipel des Midways, porter la flotte à la rencontre, vers l'est, de ce qui reste de la marine américaine pour la détruire en une seule bataille.

Telles sont alors les vues de l'amiral Yamamoto. Il ne pouvait pas prévoir que, le 18 avril 1942, les Américains réussiraient l'exploit d'envoyer leurs bombardiers bimoteurs *Mitchell* au-dessus de Tokyo, où ils déverseraient 20 tonnes de bombes. Les Japonais découvrent avec surprise que leur « sanctuaire » est à la merci de l'ennemi. On les avait assurés du contraire.

Le bombardement de Tokyo

Le lieutenant Doolittle, qui commande le raid sur Tokyo, est un ancien champion du monde de vitesse aérienne. Il a fait équiper ses 16 bombardiers *Mitchell B 25* de réservoirs supplémentaires, pour leur donner la possibilité de franchir 3 000 kilomètres sans avoir à se ravitailler en essence. Les 16 avions sont embarqués sur le porte-avions *Hornet* qui appareille le 2 avril dans la baie de San Francisco. Les avions décollent du pont du *Hornet* le 18 avril et lancent leurs bombes incendiaires sur Tokyo à l'heure du

Troupes japonaises se préparant à attaquer sur le front en Chine du Nord. Coiffés du casque adopté après la Première Guerre mondiale, les soldats sont armés du fusil Arisaka Mle 38, calibre 6,5 mm.

Patrouille américaine franchissant une rivière dans la jungle de Guadalcanal. Une bataille qui va durer six mois. Des éclaireurs sont postés sur la rive ennemie, appuyés sur une mitrailleuse, et couvrent la progression du reste de leurs camarades.

déjeuner. Puis ils mettent le cap sur la Chine sans être poursuivis. Faute d'essence, certains avions sont détournés, l'un d'entre eux atterrit en Sibérie, où son équipage est interné. D'autres sont contraints de se poser dans la Chine occupée par les Japonais : 8 pilotes ou aviateurs sont capturés, et les Japonais les jugent comme criminels de guerre. Trois d'entre eux sont exécutés, un quatrième meurt en prison, torturé par la police secrète japonaise, la *Kempeitai.*

Pour les Américains le raid de Doolittle est la première victoire du Pacifique et le lieutenant, à son retour de Chine, est reçu en triomphe. Pour l'amiral King qui commande les opérations dans le Pacifique, le raid est la preuve de la valeur technique des opérations combinées entre la marine et l'aviation. King a l'idée d'organiser les forces américaines en unités d'intervention rapides de cette nature, en groupant les navires de surface autour des porte-avions, en utilisant des sous-marins qui attaquent sur renseignements fournis par l'aviation, en dotant les flottes de corps spécialement entraînés pour les débarquements surprises, les « marines », qui peuvent compter à terre sur un appui rapide de l'aviation. La flotte d'intervention, appelée en américain *Task Force*, ne doit compter que sur elle-même pour survivre : elle a ses navires-hôpitaux, ses bateaux-citernes, et même des navires-usines dont les grues et les ateliers sur pontons sont capables de réparer un porte-avions en pleine mer pour lui permettre de rejoindre un port, malgré ses avaries.

Midway, le tournant de la guerre

La supériorité industrielle des États-Unis permet à l'amiral Nimitz, chargé des opérations, de constituer des *Task Forces* bientôt opérationnelles. Il apprend très vite que Yamamoto attaque au sud, dans la mer de Corail, en direction de l'Australie. Comment l'apprend-il ? Par les services américains de décryptage des messages japonais. Le capitaine américain Rochefort, de la base de Pearl Harbor, a trouvé la clé du code japonais. Il alerte l'état-major de la marine, à Washington. Aussitôt Nimitz fait partir de Pearl Harbor les porte-avions *Yorktown* et *Lexington* avec 141 appareils, et toute une série de croiseurs. La bataille fait rage dans la mer de Corail. Le *Lexington* est coulé, le *Yorktown* endommagé mais réparé en mer. Les Japonais perdent leur porte-avions *Shoho* qui sombre en dix minutes. Le *Shokaku* est également touché. Les Japonais gardent le *Zuikaku* et assez d'avions pour continuer le combat, mais brusquement ils se dérobent, laissant les Américains maîtres du champ de bataille : pour la première fois ils ont arrêté une attaque japonaise. Pour Nimitz, c'est une victoire.

En fait, la bataille décisive n'est pas celle de la mer de Corail. C'est vers l'est que les grands navires de Yamamoto vont attaquer. L'amiral Nimitz le sait fort bien. Le service de renseignements de la marine continue de lui communiquer les ordres que reçoivent les amiraux japonais.

Escadrille de bombardiers-torpilleurs Douglas TBD « Devastator » *du porte-avions* Enterprise, *approchant d'Honolulu par le cratère éteint de Diamond Head. Les appareils portent les peintures du temps de paix, ainsi que les cocardes en usage aux États-Unis jusqu'en mai 1942. Engagés dès le début de la guerre contre le Japon, ils subirent de lourdes pertes et seront retirés de la première ligne rapidement.*

16

On les attend à Midway, on sait qu'ils doivent attaquer le 4 juin 1942. 5 000 marines et 4 croiseurs sont dépêchés sur place. Les 3 porte-avions qui restent à la marine américaine (le *Hornet*, le *Yorktown* et l'*Enterprise*) vérifient les moteurs et l'armement de leurs 233 avions cependant que les hydravions *Catalina* explorent l'Océan pour alerter l'état-major. Les Japonais sont bien au rendez-vous, deux immenses escadres commandées par l'amiral Nagumo, et par Yamamoto lui-même, à bord du nouveau croiseur *Yamato.* 3 vagues de 50 avions chacune décollent des porte-avions américains. La première est presque entièrement détruite, sans résultats. Mais les bombardiers en piqué *Dauntless* du lieutenant Mac Cluskey incendient les porte-avions *Akagi* et *Kaga.* 3 bombes tombent sur le pont du porte-avions *Soryu.* Le commandant fait aussitôt évacuer le portrait de l'empereur qui figure sur chaque unité de la flotte japonaise. Il est transféré sur un destroyer avant que le navire ne coule. Nagumo n'a plus qu'un porte-avions sur quatre, le *Hiryu* : les avions du *Hiryu* reçoivent aussitôt l'ordre de décoller. Ils placent 3 bombes au but sur le *Yorktown* où les pompiers du bord maîtrisent les incendies. Le capitaine de vaisseau Buckmeister, qui commande ce navire trompe-la-mort, poursuit sa route en ayant réparé en mer les plus grosses avaries. Une nouvelle escadrille venue du *Hiryu* lui porte un coup fatal. Il s'enfonce lentement dans les flots, abandonné par son équipage. Les avions de l'*Enterprise* fondent alors sur le *Hiryu* et le coulent. La flotte de l'amiral Nagumo, qui, six mois plus tôt, avait attaqué Pearl Harbor, vient d'être détruite. Cette bataille de Midway marque le grand tournant de la guerre du Pacifique. Au lieu d'attaquer, les Japonais désormais se défendent.

A Guadalcanal pièges, crocodiles et moustiques géants

Du moins Yamamoto a-t-il sauvé son escadre. Il décide de couper, en attaquant vers le sud l'archipel Salomon, les communications entre les États-Unis et l'Australie : ligne vitale qui permet à l'industrie américaine d'envoyer au général MacArthur les

canons, les munitions, les avions qui sortent des usines pour faire de l'Australie un « porte-avions géant ». Les Américains, une fois de plus avertis, envoient des renforts. MacArthur est chargé de reprendre la Nouvelle-Guinée pendant que Nimitz lance 4 porte-avions contre la flotte japonaise qui débarque des unités à Guadalcanal, un îlot des îles Salomon, ainsi qu'en Nouvelle-Guinée, où leurs troupes se frayent difficilement un chemin dans la jungle avec des machettes. Les Japonais perdent 12 000 hommes dans cette longue guerre, les Américains et les Australiens 8 500. Mais la plupart meurent de maladie.

Nimitz, pendant ce temps, débarque 19 000 marines sur les plages de Guadalcanal le 7 août 1942. C'est la première opération de ce genre réussie par les Américains. Les marines n'ont qu'un mois de rations. Ils doivent combattre sans recevoir de renforts, isolés sur les plages et dans la jungle, affrontant les crocodiles, les moustiques géants et les plantes vénéneuses aussi bien que les tireurs japonais cachés dans les arbres. Ils doivent éviter les pièges de branchages où ils tombent sur des pieux acérés. Ils ne reçoivent d'appui aérien que le 20 août. Ils ont réussi à tenir, pendant que sous leurs yeux se déroule une des plus grandes batailles aéronavales de la guerre.

Un marine à Guadalcanal. L'acharnement des combats (août 1942-février 1943) se lit sur les traits émaciés de ce combattant. On note son casque M1 qui commence à être distribué à la mi-1942. Sa plaque d'identité (dog tag) *pend à son cou et il est armé du fusil semi-automatique M1 Garand (cal 7,62 mm) qui fut un des meilleurs fusils de la Deuxième Guerre mondiale.*

Un bombardier-torpilleur Grumman TBF Avenger survole le pont d'envol du porte-avions Bunker Hill, *fin novembre 1943. L'escadre américaine approche des îles Gilbert et se prépare à attaquer Tarawa.*

Du 7 août au 15 novembre, la mer de Corail devient le cimetière des bateaux de guerre des 2 flottes. L'*Enterprise* est touché, 2 nouveaux porte-avions, le *Saratoga* et le *Whasp*, sont coulés. À Guadalcanal, les destroyers japonais débarquent des renforts de nuit. Ce « Tokyo Express » fait son chemin pendant que les canons des collines arrosent régulièrement les marines retranchés sur la côte. Les Japonais attaquent en force, mais sont repoussés avec de terribles pertes, fauchés par les armes automatiques, les obus de mortier et les bombes. Les porte-avions et les croiseurs continuent leur duel mortel, mais les Américains ont enfin la supériorité en aviation. Ils ont les moyens d'attaquer et de détruire les convois japonais qui amènent des renforts. Ils ont construit une piste d'atterrissage à Guadalcanal : dès lors, la bataille est gagnée.

Les pertes du Japon en navires et en avions sont telles qu'il doit envisager, au début de 1943, une guerre défensive. L'amiral Yamamoto sait qu'il n'a plus les moyens matériels de gagner cette gigantesque guerre des techniques.

Les superforteresses, des usines volantes

Les Japonais ont alors 3 700 000 hommes sous les armes. Dans leurs chantiers navals, ils transforment hâtivement en porte-avions des navires de surface et même des bâtiments de commerce. Ils doivent aussi construire de nouveaux cargos et pétroliers pour importer le fer, la bauxite, le charbon et le pétrole qui leur sont absolument nécessaires pour faire la guerre. Mais

Progression d'une patrouille américaine dans les marécages de Bougainville. Les conditions des combats à travers les îles Salomon et en Nouvelle-Guinée furent particulièrement éprouvantes : humidité, chaleur, pluies, insectes et serpents venimeux. Les combats étaient poussés à l'extrême et sans concessions.

Équipage d'un bombardier Nakajima B5N2 Kate, avion construit à partir de 1937 et qui fut artisan du succès de l'aéronavale japonaise dans l'attaque de Pearl Harbor et des batailles suivantes.

en 1943 les sous-marins américains coulent 2 fois plus de navires que les Japonais ne parviennent à en construire. La capacité de production américaine, au contraire, devient prodigieuse. 39 porte-avions ont été mis en chantier au début de l'année. Des usines commencent à sortir les formidables superforteresses *B 29*, véritables usines volantes capables de transporter 9 tonnes de bombes à 5 000 kilomètres. Nul ne sait encore l'usage qui sera fait de ces monstres.

Des unités spéciales du génie de l'air sont constituées pour construire des pistes d'atterrissage sur les îles à libérer. Les corps de marines disposent d'un matériel amphibie pour les débarquements, de navires spéciaux pour affronter les plages, de péniches blindées où les hommes sont à l'abri des tirs ennemis jusqu'au dernier moment. En mer, Nimitz imagine de procéder par étapes : des navires-ateliers, des navires ravitailleurs suivent les unités combattantes et installent des bases d'approvisionnement, de soins médicaux, de docks flottants. Ces bases suivent continuellement l'avance de la flotte pour lui apporter leur soutien et la ravitailler en mer. Cette extraordinaire organisation accroît la sécurité des combattants.

Les Anglais dans la jungle

En attendant la grande offensive navale, les Américains ont le souci de ravitailler la Chine, car ils comptent sur la résistance chinoise. En dehors de Tchang Kaï-chek et de ses armées de Chine du Centre, des groupes communistes se sont organisés dans le Nord, autour de Mao Tsé-toung, qui s'arment en prenant des armes aux Japonais, après des attentats organisés. Cette armée de partisans, qui recrute dans

Comme il l'avait annoncé en mars 1942, le général MacArthur est revenu aux Philippines. Le voici avec son état-major et le président philippin Sergio Osmena, approchant de la plage de Leyte, où les unités de la 10e armée US du général Krueger viennent de débarquer (20 octobre 1944).

La flotte américaine du Pacifique déployant toute sa force : au premier plan, *sur le pont d'un porte-avions, sont alignés, ailes repliées, des chasseurs-bombardiers Vought Corsair FSF (excellent appareil qui restera en service jusqu'en 1955).* Au second plan, à gauche, *un porte-avions léger, construit à partir d'une coque de croiseur,* au centre, *un porte-avions d'attaque, les croiseurs lourds assurant l'escorte antiaérienne de la flotte.*

les campagnes, sera bientôt très nombreuse. Tchang Kaï-chek reçoit tout de l'Amérique par les Indes. Les bombardiers géants *B 29* franchissent l'Himalaya et atterrissent sur des pistes construites par 400 000 coolies qui ont cassé les cailloux à coups de marteau et transporté les matériaux dans des paniers.

Il est clair cependant que le trafic aérien a ses limites. Les superforteresses sont bientôt fatiguées de ces voyages incessants. Il faut pour ravitailler la Chine aider les Britanniques à reconquérir la Birmanie. Les Anglais ont décidé de combattre dans la jungle à la japonaise. Ils forment des commandos spéciaux qu'ils appellent les *chindits*, parce qu'ils ressemblent à des statues des temples birmans, les *chinthes*, qui ne sont ni lions ni aigles mais les deux en même temps. Les *chindits* circulent par petits groupes dans la jungle, avec des mulets pour porter leur matériel de destruction et de radio. Ils sont ravitaillés par avion. Leur rôle est d'attaquer par surprise sur les arrières de l'ennemi, de saboter les ponts et les chemins de fer, de détruire les bases aériennes. Les Japonais sont furieux : ils doivent mobiliser 2 divisions pour organiser la chasse aux *chindits*.

Ils montent une attaque en direction des Indes et du fleuve Brahmapoutre avec 3 armées au début de 1944. Lord Mountbatten organise la défense britannique et les Japonais perdent 50 000 hommes sur 84 000 engagés. La route de Birmanie peut être rouverte. Les Anglais ont reçu des Indes assez de renforts et d'armes pour faire face à toute nouvelle offensive. Les Japonais ne se baigneront pas dans le Brahmapoutre.

Au lance-flammes et à la grenade

Les Américains, au début de 1944, ont commencé la reconquête de l'Océan. Le général MacArthur a nettoyé, au prix de lourdes pertes, la Nouvelle-Guinée au sud, attaquant les *ninjas* au lance-flammes et à l'arme blanche. Ces *ninjas* sont des troupes spéciales entraînées pour les combats individuels de jour comme de nuit, et utilisés comme éclaireurs, saboteurs, espions. MacArthur avance d'île en île dans le but de s'emparer de la grande base japonaise de Rabaul, défendue par 100 000 hommes. Une escadre détachée

La tête de pont sur l'île de Leyte a été rapidement assurée. Déjà, la plage est encombrée de personnels et de matériel. Le général MacArthur a rejoint les unités de la 10ᵉ armée et se fait expliquer la situation au soir du premier jour de la reconquête des Philippines.

par Nimitz vient à son secours, et les îles Salomon sont prises l'une après l'autre. Les Japonais n'ont aucun moyen d'envoyer des renforts et les avions sont détruits. MacArthur estime que, dans ces conditions, il n'a pas besoin de sacrifier la vie d'un seul de ses hommes pour prendre la forteresse de Rabaul. Isolée, elle est hors d'état de nuire : elle tiendra jusqu'à la fin de la guerre, sans jamais subir d'assaut.

En revanche, les flottes de Nimitz débarquent des marines qui s'emparent au prix de lourdes pertes des îles Gilbert et des îles Marshall dans le Pacifique central. Pour reprendre la forteresse de Tarawa dont un amiral japonais disait qu'« un million d'hommes ne pourraient s'en rendre maîtres en cent ans », les Américains utilisent des tracteurs amphibies qui déposent la vague d'assaut sur les plages après un bombardement de 3 000 obus. Mais les nids de mitrailleuses ont résisté : 3 000 Américains sont tués, sur 18 000. Ils doivent nettoyer l'île au lance-flammes et à la grenade. Les Américains s'emparent ensuite de la plus belle rade du Pacifique, la grande base de la marine japonaise, l'île de Truk. Il faut 3 groupes de porte-avions pour s'en rendre maître. Des pistes sont aussitôt construites : l'*US Air Force* est en mesure de bombarder les îles Mariannes, le dernier archipel avant le Japon. S'ils prennent les Mariannes, les Américains peuvent couper la route des transports japonais vers l'Indonésie et ses champs de pétrole : ils auront gagné la guerre en empêchant les grands porte-avions de la marine japonaise de se ravitailler.

Depuis que l'amiral Yamamoto, en mission dans le Sud, s'est fait abattre, l'armée impériale a perdu son stratège. L'état-major est réduit à la défensive. Il pare au plus pressé. Les Japonais savent que les Américains ont transporté 127 000 hommes sur plus

Une attaque de kamikaze (pilote suicide) contre les navires de débarquement devant Okinawa. Au premier plan, *les timoniers et les servants d'un canon de 20 mm guettent l'arrivée des avions ennemis.* Au second plan, *un LST (Landing Ship Tank) a été touché et brûle : on distingue dans les flammes et la fumée, les véhicules et le matériel rangés sur le pont.*

de 500 bateaux pour s'emparer des îles Mariannes. Les cuirassés de l'amiral Mitscher sont déjà précédés par des équipes de nageurs, qui ouvrent des passages à l'explosif dans les récifs de corail entourant l'île de Saipan, défendue par 30 000 Japonais. 8 000 marines débarquent et se font hacher par les mitrailleuses. Ils réussissent néanmoins à s'emparer de l'aérodrome. Ils ne peuvent plus compter sur les canons de la marine. Une grande bataille navale s'est engagée à l'ouest des Mariannes, contre toute la flotte impériale.

A Saipan, les suicides collectifs

Les *Hellcat* des porte-avions américains font merveille : dans les premières attaques les Japonais perdent plus de 300 appareils : c'est le « tir aux pigeons des Mariannes ». Les sous-marins attaquent les porte-avions japonais. 2 sont perdus et la flotte de l'amiral Osawa doit faire retraite. Mitscher lance les *Avenger,* des avions torpilleurs, pour la poursuite à la tombée de la nuit. Ils coulent le porte-avions *Hiyo,* en incendient 2 autres ainsi que des pétroliers. C'est une grande victoire. Mitscher lance alors ses navires et les avions qui lui restent sur l'île de Saipan, qui, pour la première fois, est bombardée au napalm. Dans les champs de canne à sucre qui brûlent, des civils se suicident collectivement pour ne pas être pris par les Américains qui perdent plus de 15 000 marines dans l'assaut. Les tireurs isolés subsistent longtemps. Les soldats japonais ne se rendent pas. Ils s'enfuient dans la jungle et s'arrangent pour survivre par petits groupes ou quelquefois individuellement. Ils attendent le jour de la reconquête. Certains ont ainsi subsisté dans la jungle pendant de longues années, sans savoir que la guerre était finie.

Les Mariannes une fois occupées, Nimitz veut enlever les Philippines que MacArthur aborde déjà, venant du sud. L'amiral Halsey attaque le premier dans un raid dévastateur qui permet de débarquer à Leyte. La grande flotte impériale est obligée de réagir : en occupant Leyte, les ennemis sont à portée de Tokyo. MacArthur, de la plage de débarquement, a lancé un appel à la radio : « Ici la voix de la liberté. C'est le général MacArthur qui parle. Philippins, je suis revenu ! »

Le sacrifice des kamikazes

Les cuirassés, les destroyers, les porte-avions japonais accourent, en 3 formations. Les uns viennent de Singapour, les autres de Bornéo ou de la mer du Japon.

Les sous-marins et les avions torpilleurs américains se déchaînent. Un des groupes japonais commandés par l'amiral Kuirita, subit de lourdes pertes. Les Américains se croient vainqueurs quand surgissent les avions suicides, pilotés par des *kamikazes.* Ces pilotes ont subi un entraînement spécial pour attaquer les navires américains en jetant sur eux leurs appareils, véritables bombes volantes. Ils font le sacrifice de leur vie à l'empereur et au Japon, et partent sans espoir de retour...

Ces *Zeke* des groupes d'assaut « Japon », « Soleil levant », « Yamato » et « Cerisiers sauvages » attaquent avec des bombes de 250 kilos. Le *Kalinin Bay* est en flammes, le *Saint-Lô* coulé, le *Kitkun Bay* très endommagé. Les porte-avions *Suwannee* et *Santee* sont atteints. En une seule vague d'assaut les avions suicides ont détruit ou endommagé 5 grandes unités de la flotte américaine, qui croyait ne plus avoir rien à redouter de l'adversaire. Cette attaque permet à l'amiral Kuirta de se dérober avec ce qui lui reste de sa flotte, des cuirassés, des croiseurs et des destroyers. Il a perdu tous ses porte-avions et ne peut plus mener d'action offensive. Il ne peut empêcher MacArthur de s'emparer des Philippines. La bataille navale de Leyte a été décisive pour la reconquête. Les Japonais sont privés de tout moyen d'intervention, réduits à la défensive dans leurs îles. La marine impériale n'est plus qu'une ombre. Les Philippines marquent la fin de la longue marche de l'amiral Nimitz, parti des îles Hawaii vers l'ouest, ayant reconquis les archipels l'un après l'autre. C'est aussi la fin de la marche encore plus difficile du général MacArthur, parti d'Australie, conquérant de la Nouvelle-Guinée. La prise des Philippines donne aux Américains les moyens d'interrompre le trafic commercial du Japon avec l'Indonésie. Les pétroliers ne peuvent plus se ravitailler à Bornéo. La fin de la guerre approche. Mais la résistance des Japonais est stupéfiante, ils risquent de prolonger longtemps encore le conflit même si, depuis octobre 1944, l'océan Pacifique est devenu américain.

Avant de partir pour sa dernière mission, ce pilote japonais se ceint le front du drapeau du Soleil Levant. Plus d'un millier de pilotes de l'armée et de la marine impériales se sacrifièrent dans cette ultime tentative pour arrêter la progression des forces aériennes.

Les kamikazes s'attaquent à tous les types de navire : cuirassés, croiseurs, porte-avions. Ici, le porte-avions Franklin *est gravement endommagé par un avion suicide japonais, le 6 avril 1945. Son arrière en feu, surchargé par le poids de l'eau embarquée, ayant plus de mille victimes à son bord, ce bâtiment survivra à ses avaries et reprendra du service après la guerre.*

LES CAPITULATIONS

LES CAPITULATIONS

Sur le dessin de la page précédente, vous pouvez suivre les derniers mois de la guerre.
Début 1945, les armées alliées menées par Montgomery, toujours en béret, Patton en casque, ou de Lattre, sont arrivées au bord du Rhin. En décembre 1944, les Allemands lancent la contre-attaque des Ardennes où des unités SS s'infiltrent, en uniformes américains. La résistance de la 101e Airbone Division à Bastogne marque la fin des espoirs allemands. Les fusées V1 et V2 tombent sur Anvers et Londres. Les Alliés répondent par des bombardements, menés par les « Lancaster » de la RAF. Le Rhin est franchi lorsque la 9e DB s'empare du pont Ludendorf, à Remagen. La fin des armées allemandes est illustrée par la rencontre à Torgau, sur l'Elbe, des Américains et des Soviétiques *(en haut au centre).* Hitler se suicide avec sa compagne Eva Braun. Leurs corps sont brûlés pour leur éviter le sort de Mussolini et de Clara Petacci dont les cadavres ont été exposés sur la Grand-Place de Milan *(en haut, tout à droite).* Grâce à Einstein *(à l'extrême droite)* les Américains ont la bombe atomique. Truman décide de s'en servir contre le Japon : Hiroshima et Nagasaki, sont ainsi détruites. Hiro Hito *(en bas, page de droite, avec des lunettes)* décide alors de capituler.

A la fin de 1944, ni le Japon ni l'Allemagne ne sont prêts à capituler. Ils savent pourtant qu'ils n'ont aucun moyen de gagner la guerre, mais ils veulent la faire jusqu'au bout. Ils n'admettent pas l'idée de la défaite : l'Allemagne envoie au front des soldats de 15 ans, et le Japon encourage les jeunes pilotes kamikazes à faire le sacrifice de leur vie. Les deux grands États guerriers deviennent suicidaires.

En Europe, les Alliés se sont arrêtés, essoufflés, à la barrière du Rhin qu'ils tiennent d'ailleurs incomplètement : il y a des « poches » à Colmar et au nord de Strasbourg. La fabrication de guerre allemande a été intensifiée, malgré les bombardements. On fabrique des chars *Tiger* et des *Panther*, forteresses blindées montées par des équipages novices, confiées la plupart du temps aux divisions de *Waffen SS* fanatiques, des jeunes gens ayant fait serment de fidélité au parti nazi, ayant juré de combattre jusqu'à la mort. Les avions disposent d'équipements ultra-modernes comme les radars et les roquettes mais ils manquent de pilotes. Bientôt sortent des usines les premiers avions à réaction, des chasseurs-bombardiers volant à 900 kilomètres/heure, plus vite que les *Mustang* qui sont les plus rapides des chasseurs américains.

Rommel obligé de se suicider

Les Allemands ont perdu les côtes de l'Atlantique et ne disposent donc plus des rampes de lancement pour leur arme secrète le V1, une fusée qui a longtemps bombardé l'Angleterre. Pourtant ils construisent en Hollande de nouvelles rampes et des V1 tombent en grand nombre sur le nord de la France libérée. Une fusée porteuse de bombes, le V2, est lâchée sur l'Angleterre. Aucun chasseur ne peut l'arrêter. Les nazis assurent le public allemand qu'ils disposeront bientôt de l'arme secrète absolue. C'est la bombe atomique, dont ils poursuivent la fabrication avec l'eau lourde produite en Norvège. Mais les bombardements britanniques rendent impossible la réalisation technique de la bombe.

Il est trop tard pour que les armes de guerre nouvelles permettent de gagner la guerre. Depuis le

Pour célébrer la libération de Colmar (2 février 1945), une prise d'armes rassemble, autour du maire de la ville, ceint de son écharpe, les principaux chefs de la campagne : saluant, *le général de Lattre de Tassigny, commandant la 1re armée française ;* à sa droite, *les généraux américains N.D. Cota* (ext. gauche) *et le major général F.W. Milburn.* A sa gauche, *le général Carpentier, chef d'état-major de la 1re armée.* Devant eux, *de jeunes Alsaciennes en costume traditionnel ont accueilli les libérateurs de la ville.*

20 juillet 1944, l'Allemagne vit en état de terreur. Ce jour-là un officier, von Stauffenberg, a fait exploser une bombe au quartier général d'Hitler, mais elle a manqué sa cible. Les SS et la *Gestapo* traquent les résistants, exécutent à la hache des étudiants catholiques de Munich. L'amiral Canaris, chef des renseignements allemands, est en prison. On oblige le maréchal Rommel, qui est soupçonné d'être du complot du 20 juillet, à se suicider. On lui fait des funérailles nationales, comme s'il était mort par accident. Le général von Kluge se suicide réellement pour échapper aux tortionnaires. Le général von Stülpnagel est arrêté. Hitler a repris l'armée en main. Les SS sont chargés de réunir des jeunes ou des vieux pour les enrôler dans une milice chargée de l'autodéfense. La population est réquisitionnée pour creuser des tranchées.

Les Allemands ont décidé de résister sur la ligne montagneuse des Vosges. Les Britanniques et les Canadiens, après avoir libéré le nord de la France, sont entrés en Belgique. Bruxelles est libérée ainsi qu'Anvers, que les Allemands n'ont pas eu le temps de saboter. Les Américains, qui ont traversé la Meuse à Dinant, ont pris Liège. Eisenhower, le commandant en chef, pousse les Anglais de Montgomery dans la région industrielle de la Ruhr, et les Américains du général Patton sur la Sarre et le Rhin. Mais l'essence manque. Seul Montgomery est bien servi. Patton doit arrêter ses chars après la prise de Nancy. Il laisse ainsi le temps aux Allemands d'organiser la résistance dans la place forte de Metz, et de faire obstacle à la progression de la Ire armée française (de Lattre de Tassigny) dans les Vosges. La Ire armée est forte maintenant de 137 000 hommes dont une partie est dirigée vers les « poches » de l'Atlantique, Royan, La Rochelle, Saint-Nazaire, où les Allemands résistent encore.

Des réfugiés allemands regagnent la ville de Dresde, après que les bombardements des 13 et 14 février 1945 les en eurent chassés et que les troupes soviétiques furent entrées dans une ville quasi déserte le 8 mai suivant. Avec ses 135 000 victimes — plus qu'à Hiroshima —, Dresde est resté le symbole de l'atrocité de la guerre aérienne totale.

La dernière attaque d'Hitler

Au nord du front, Montgomery lâche des milliers de parachutistes à Arnhem, en Hollande. 3 divisions de parachutistes sont anéanties au sol par les *Panzer* du général allemand Model. Les SS fusillent les prisonniers, mais le général Montgomery parvient à libérer la rive sud de l'Escaut.

Devant Metz Patton piétine. Il a reçu de l'essence, mais les Allemands ont remis en état les vieilles forteresses dotées de canons lourds datant de la Première Guerre mondiale. Leurs abris sont à l'épreuve des bombes d'une tonne. Les Allemands multiplient les pièges, ils posent des mines derrière les portes des maisons abandonnées, des fils d'acier, tendus à travers les routes, décapitent les conducteurs de *Jeep*. Les jeunes nazis de l'École des cadets militaires de Metz ont appris à se servir des *Panzerfauste*, l'équivalent allemand des *bazookas* américains, des armes capables de percer le blindage des chars. Les forts de Metz ne seront pris que le 13 décembre 1944.

À cette date, la division Leclerc, qui fait partie de la VIIe armée américaine, a créé la surprise : fonçant par le col de Saverne, Leclerc lance toutes ses forces sur 4 itinéraires différents en direction de Strasbourg. Fidèle au serment qu'il a jadis prêté à Koufra, au cœur de l'Afrique, il fait flotter le drapeau français, le 23 novembre, sur la flèche de la cathédrale. La division fait 15 000 prisonniers. Depuis le 19 novembre, les soldats de la Ire armée française ont atteint le Rhin en Haute-Alsace et libéré Mulhouse, le 20. Mais ils se heurtent au formidable camp retranché de Colmar.

D'Arnhem à Colmar la ligne d'attaque alliée est immobilisée. Hitler n'a pas renoncé à prendre l'initiative. Il lance en décembre 16 divisions au nord des Ardennes et 10 au sud, en direction d'Anvers, avec des milliers de chars. Le temps est lourd, le ciel est bas. Les Américains sont surpris. Des agents allemands déguisés en Américains sèment la panique en maquillant les poteaux indicateurs des routes. L'aviation ne peut prendre l'air dans les nuages et le brouillard. Le haut commandement allié envisage de battre en retraite vers les ports. Il propose d'abandonner Strasbourg. De Gaulle s'y refuse obstinément. Bastogne encerclée résiste, ainsi que Saint-Vith. À partir du 24 décembre, le temps se lève, le soleil brille. Chasseurs et bombardiers prennent l'air. Les chars allemands sont attaqués sans trêve. L'offensive ennemie est arrêtée. Les Français tiennent devant Strasbourg, Montgomery contre-attaque au nord. Le 15 janvier 1945, l'armée allemande est de nouveau réduite à la défensive. La dernière attaque commandée par Hitler à l'ouest vient d'échouer.

Aux Pays-Bas, l'équipage d'un char de reconnaissance M5 Stuart américain est accueilli avec des bouquets de fleurs par des enfants hollandais. La population de ce pays a connu une véritable famine jusqu'à la capitulation allemande.

Staline laisse massacrer les Polonais

Staline avait promis aux Alliés occidentaux d'attaquer en même temps qu'eux la forteresse Allemagne. Il disposait, au début de 1944, de deux fois plus de chars et de quatre fois plus d'avions d'assaut que ses adversaires. Les Russes avaient mis au point un char lourd, le *Joseph Staline*, doté d'un canon géant capable de percer le blindage des *Tiger*. Leurs avions d'assaut, les *Stormovik*, étaient aussi redoutables en piqué que les chasseurs *Yak* qui équipaient l'escadrille française *Normandie-Niémen* composée de volontaires combattant sur le front de l'Est.

Staline avait tenu parole : il avait attaqué dans le Grand Nord les armées allemandes et finlandaises, et contraint le vieux maréchal Mannerheim à demander la paix, le 2 septembre 1944. Mais l'effort principal des Russes avait porté sur la Pologne. Ils avaient lancé 2 500 000 combattants et une immense aviation sur 700 kilomètres de front. Ils avaient pris Lublin et Brest-Litovsk, balayant les défenses allemandes. Allaient-ils s'emparer de Varsovie ?

La capitale polonaise se souleva, un général polonais, Bör-Komorovski, y dirigeait la résistance : 50 000 hommes armés de pistolets-mitrailleurs, de bouteilles d'essence et de grenades. Mais Bör-Komorovski prenait ses ordres à Londres, non à Moscou. Aussi Staline, qui voulait faire de la Pologne un État communiste, décida-t-il d'attendre aux portes de Varsovie que les Allemands aient liquidé la Résistance polonaise. La *Panzerdivision* Hermann Göring venait justement d'arriver d'Italie. Des chars arrivaient sans cesse dans la ville bombardée par l'aviation allemande. Les tankistes utilisaient les civils comme boucliers vivants, les obligeant à grimper sur les blindés. Staline se refusait à envoyer du secours.

Une unité d'infanterie soviétique monte à l'assaut d'un remblai de voie ferrée en Prusse orientale (janvier 1945). Les soldats sont armés du pistolet-mitrailleur PPSh 41, avec son fameux chargeur-camembert de 70 cartouches.

« Varsovie doit être rasée », a dit Hitler. Himmler, le chef de la SS, envoie dans la ville une brigade de prisonniers de droit commun avec ordre de mener la répression : on achève les malades sur leur lit d'hôpital, on fusille les prêtres. Les résistants faits prisonniers sont exécutés. 50 000 personnes ont trouvé la mort, 350 000 sont déportées dans les camps de concentration.

Pour punir les Allemands, le bombardement de Dresde

Dans les Balkans le général Koniev a reçu de Staline l'ordre de s'arrêter devant les Carpates et de ne pas aider la résistance à libérer la Tchécoslovaquie. Car, comme en Pologne, ces forces de résistance ne sont pas communistes. L'insurrection des maquis tchèques est elle aussi écrasée par les Allemands sans que l'armée Rouge n'intervienne.

En revanche, l'armée Rouge fonce sur la Roumanie et s'empare des champs de pétrole, anéantissant ainsi tout espoir d'Hitler de continuer longtemps la guerre. Le 12 septembre, les Roumains signent l'armistice et acceptent que les communistes entrent dans leur gouvernement. En Bulgarie, l'armée Rouge est accueillie avec des fleurs. Le 18 septembre, Sofia est libérée et les Bulgares lèvent 150 000 soldats pour combattre aux côtés des Russes. Staline a respecté les accords conclus avec les Alliés : il s'est arrêté aux frontières de la Yougoslavie et de la Grèce.

Au début de janvier 1945, Staline lance son offensive d'hiver. Il dispose de 5 000 000 de combattants contre 1 800 000 Allemands, de 7 000 chars contre 3 500 et de 50 000 canons. Le maréchal Joukov attaque au nord, en direction de Berlin. Le maréchal Koniev attaque au centre, en direction de Vienne. On sait à Moscou que les Alliés ont été arrêtés sur le Rhin. On veut profiter de leur faiblesse passagère pour occuper le maximum de territoires en Europe. Le

12 janvier, les armées de Koniev avancent comme un rouleau compresseur. Il libère Cracovie, Breslau, pendant qu'au nord les blindés de Joukov entrent enfin dans Varsovie, le 16 janvier 1945, et campent dans la ville morte. Dans le Nord, la Prusse orientale est envahie et Joukov avance jusqu'à la rivière Oder. Les Allemands fuient par millions devant l'avance russe. Dès la fin de janvier, ils sont 8 000 000 sur les routes, gagnant l'ouest de l'Allemagne en de longues files d'exode. À Dresde, 400 000 habitants subissent le 13 février un atroce bombardement ordonné par Churchill pour punir les Allemands. Ce jour-là, 774 *Lancaster* de la *Royal Air Force* détruisent la ville par bombes incendiaires. Le brasier est visible à 300 kilomètres. Il y a 135 000 morts.

*Après la prise du pont de Remagen, de nombreux ponts de bateaux sont lancés sur le Rhin par les sapeurs américains. Ici, les blindés de Patton (III*e *armée U.S.) franchissent le fleuve au sud de Coblence.*

Staline, vainqueur de Yalta

À Yalta, en Crimée, les trois grands, Staline, Churchill et Roosevelt, se sont réunis paisiblement pour se partager le monde et diviser l'Europe en zones d'influence. Churchill obtient la Grèce, demande la Yougoslavie, lâche la Pologne. Staline soutient Tito, le chef des partisans communistes yougoslaves, qui a libéré Belgrade et veut éliminer le roi Pierre soutenu par Churchill. C'est Staline qui gagnera. Staline promet des élections démocratiques en Pologne mais l'ensemble du pays est occupé par l'armée Rouge et administré par les communistes. Les Alliés se mettent d'accord sur le partage de l'Allemagne en quatre zones d'occupation (on a permis aux Français, grâce à Churchill, d'en recevoir une). L'Allemagne sera dénazifiée et démilitarisée. Une organisation des Nations unies réglera plus tard les conditions de la paix sur la planète. Ainsi l'a voulu Roosevelt.

La conférence de Yalta (en Crimée) du 4 au 11 février 1945, prépare l'après-guerre qui s'annonce. De gauche à droite, *Churchill, Roosevelt, marqué par la maladie, et Staline qui est le grand gagnant.* Derrière eux, *leurs conseillers : Molotov,* en chapeau, *le général Alan Brooke, le général Tedder et l'amiral Leahy* (juste derrière Roosevelt).

Quand se termine la conférence de Yalta, le 11 février, les Alliés occidentaux n'ont aucun moyen d'empêcher Staline d'établir des régimes communistes dans toutes les régions d'Europe occupées par l'armée Rouge. Ils savent qu'ils doivent franchir le Rhin et avancer le plus vite possible, s'ils veulent maintenir en Europe un certain nombre d'États libres. En février, ils disposent d'une supériorité militaire certaine : les

Le pont Ludendorf, qui franchit le Rhin à Remagen, est saisi par surprise, le 7 mars 1945 par le lieutenant Timermann du 27e bataillon d'infanterie mécanisé (9e DB US). Les Allemands tenteront de le détruire et, quand le pont s'effondre le 17 mars, quatre divisions américaines combattent déjà sur la rive est du Rhin.

Américains disposent de 90 divisions, de 2 armées britanniques et 1 française contre 65 divisions allemandes. Parviendront-ils rapidement à franchir le Rhin ? Ils doivent anéantir les défenses de la ligne Siegfried, bétonnées par les Allemands pendant l'hiver de 1939-1940. Il n'est pas si aisé d'en venir à bout. Pourtant il faut faire vite : à l'est, Staline n'attend pas.

Un coup de main permet aux Américains de prendre intact le pont de Remagen sur le Rhin. Dès le 7 mars 1945, le Rhin est donc franchi. 8 000 soldats américains, armés jusqu'aux dents, passent sur l'autre rive du fleuve. Le 22 mars, Patton, fou de rage de n'avoir pas été le premier, passe à son tour le Rhin à Oppenheim. Le lendemain, le général anglais Montgomery réalise à son tour un franchissement, grâce à des chars amphibies et à des parachutistes. Pourquoi trois mois de perdus ? Parce que les Alliés ont dû, depuis le 15 janvier, liquider les poches allemandes à l'ouest du Rhin, comme celle de Colmar qui est tombée le 20 janvier sous les efforts concertés des Français de Béthouart et de Monsabert, et d'un corps d'armée américain. De rudes combats ont été nécessaires pour que l'armée Patton franchisse la ligne Siegfried, qui a résisté six semaines. Le 22 février l'opération *Clairon* a mobilisé 10 000 avions pour bombarder le Rhin et

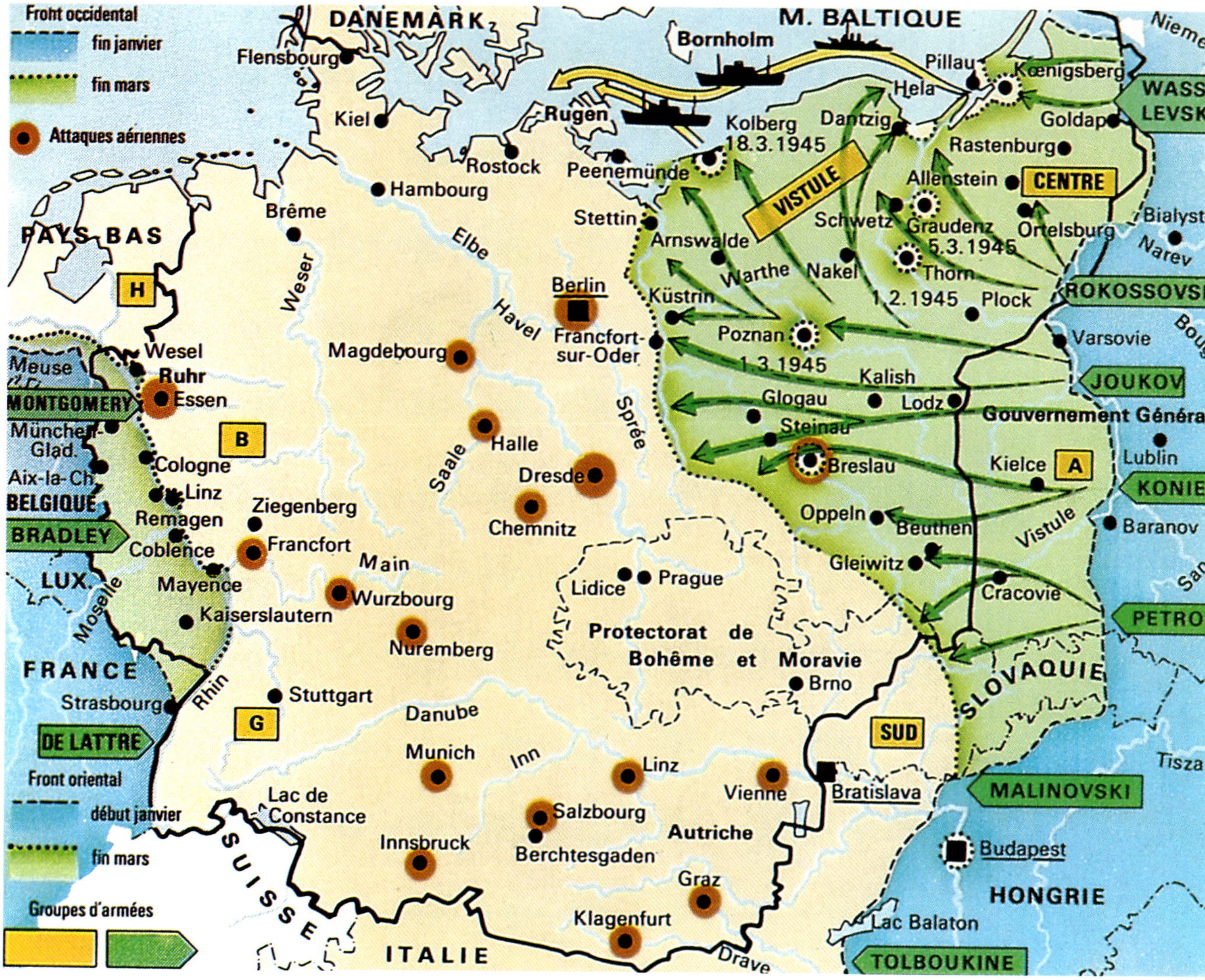

Situation des armées alliées au début de 1945 (successivement fin janvier et fin mars). On notera les évacuations des forces allemandes par bateau le long de la Baltique.

les voies de communication : des bombes de 10 tonnes ont été jetées en grand nombre pour défoncer les chaussées et faire sauter ponts et tunnels.

Les Américains laissent Berlin aux Russes

Des armées entières ont ainsi pu franchir le Rhin assez facilement, toute résistance ennemie ayant été anéantie par l'aviation. La VIIe armée américaine, la Ire armée française sont à pied d'œuvre le 1er avril, quand commence vraiment la campagne d'Allemagne. Les Ire et IXe armées américaines encerclent dans le bassin de la Ruhr les troupes du général allemand Model. Bradley, le général américain, reçoit l'ordre de réunir 3 armées pour s'avancer dans le centre de l'Allemagne, dans la direction de Dresde et non pas de Berlin. Pourquoi pas Berlin ? Les Français, au sud, marchent sur Vienne, avec d'autres unités américaines. Les Anglais, au nord, visent Hambourg. Personne ne semble s'occuper de Berlin. En fait, les Américains pouvaient prendre Berlin. Mais Eisenhower, pour éviter de déplaire à Staline, va lui laisser la gloire de s'emparer de la capitale allemande.

Eisenhower a pris directement contact avec le

Le général George C. Marshall est chef d'état-major de l'armée américaine du 1er septembre 1939 au 18 novembre 1945. Brillant organisateur, bon diplomate, il joue un rôle fondamental dans la conduite du conflit. Il sera aussi l'initiateur du plan de reconstruction de l'Europe, le fameux Plan Marshall.

Les derniers combats devant la porte de Brandebourg, à Berlin, entre les blindés T34-85 soviétiques des armées Joukov et Koniev, et les unités allemandes du « Volksturm » formées d'anciens combattants et de jeunes de l'HitlerJugend (Jeunesses hitlériennes) appuyées par des unités SS parmi lesquelles des Français, des Norvégiens, des Hollandais, qui par anticommunisme ont volontairement choisi de se battre avec les Allemands. Au premier plan, deux jeunes Allemands sont armés du Panzerfaust, lance-fusées antichar, qui perce 20 cm d'acier à 50 mètres.

« maréchal » Staline pour s'entendre sur l'avance des armées alliées en Allemagne. La ligne de la rivière Elbe a été choisie comme limite. Berlin est abandonné aux Russes. Roosevelt, très malade, n'intervient pas. Seul Churchill se préoccupe de faire prendre Prague, Vienne et Berlin par les Alliés, avant les Russes. Mais le général Marshall, consulté par Eisenhower, souhaite éviter tout accrochage avec l'armée Rouge. Marshall est, à Washington, le seul homme responsable de la guerre depuis que l'état de santé du président Roosevelt ne lui permet plus de suivre les affaires. Or, Marshall estime qu'il a besoin de Staline pour terminer la guerre contre le Japon, qui, pour les Américains, est encore plus importante que la guerre à l'ouest. Quand on lui apprend que le général américain Simpson se trouve à l'entrée de l'autoroute qui conduit à Berlin, qu'il est à 80 kilomètres de la ville et qu'il demande la permission de foncer, Marshall l'arrête, ordonne de faire machine arrière et de repasser l'Elbe. Les Russes ont la voie libre.

Le 29 avril 1945 les forces allemandes du front italien capitulent. Les Alliés sentent parfaitement que la résistance allemande s'effondre. L'aviation pilonne la zone industrielle de la Ruhr avec des bombes incendiaires. 320 000 soldats allemands se rendent. Tous ceux qui portent les armes en Allemagne veulent éviter d'être prisonniers des Russes. Ils préfèrent être capturés par des Américains, pour être bien nourris et bien traités. 30 généraux allemands se joignent aux captifs pendant que Model, seul, se suicide à son quartier général.

Les Russes n'ont pas perdu de temps : ils ont d'abord nettoyé le front de la Baltique, enlevé Dantzig et Königsberg, rayant de la carte la Prusse orientale.

Le suicide d'Hitler et la capitulation

Le 16 avril, 1 000 000 d'hommes s'élancent sur Berlin, derrière 6 000 chars. Des projecteurs gigantesques s'allument à l'avant des troupes au départ de l'offensive pour éblouir l'ennemi.
On a déployé les drapeaux de combat de la garde Rouge, à l'effigie de Lénine.
40 000 canons ont pilonné la vallée de l'Oder. Les Russes ne s'attendent pas à une résistance allemande.

Berlin en ruine au moment de la capitulation. Solidement construite aux XVIIIe et XIXe siècles, la capitale du Reich a mieux supporté les bombardements alliés que certaines autres villes. Cependant, 50 000 Berlinois périrent sous les bombes alliées, de 1942 à 1945, dont 22 000 lors du bombardement du 3 février 1945.

Le 30 avril 1945, des soldats soviétiques du 576e régiment de fusiliers, ont grimpé jusqu'au sommet du Reichstag (le Parlement) pour y planter le drapeau rouge avec le marteau et la faucille, marquant ainsi la victoire et la revanche de l'U.R.S.S. sur l'Allemagne.

Un jeune soldat soviétique indique du doigt le lit où Hitler a dormi quand il s'est installé dans le bunker de la chancellerie du Reich, en mars 1945, et où il se suicidera le 30 avril, peu après avoir célébré son cinquante-sixième anniversaire.

Ils croient partir pour une promenade militaire, au pas de parade. En tête des groupes d'attaque, on a placé l'armée de Stalingrad, commandée par Tchouikov. À ces héros revint l'honneur de symboliser par leur entrée dans Berlin la victoire du communisme sur le nazisme.

Contre toute attente, les Allemands résistent furieusement. Hitler dirige la bataille dans son bunker. Les Russes doivent renoncer à l'assaut immédiat, ils encerclent la ville qui est investie le 22 avril. 25 000 canons la réduisent à un tas de décombres. Les avions bombardent dès que le tir d'artillerie a cessé. Tchouikov forme des détachements d'assaut, comme à Stalingrad. Les combats de rue commencent le 29 avril. Dans Berlin détruit, les fanatiques nazis résistent encore : ils s'accrochent aux bouches de métro, aux abris blindés. Un enfant de 14 ans démolit un char T34 avec un *Panzerfaust* (un bazooka allemand). Hitler sort de son bunker pour le décorer. C'est la dernière image que l'on possède du dictateur vivant. Le 30, il se suicide avec Eva Braun qu'il vient d'épouser. Les corps sont brûlés par les SS. Quand il apprend la mort du Führer, Goebbels, le ministre de la Propagande, empoisonne sa femme et ses 6 enfants avant de se donner lui-même la mort. À ce moment-là, les Russes sont à 500 mètres. Des voitures à haut-parleurs annoncent enfin la capitulation le 2 mai. Les 70 000 derniers défenseurs de Berlin se sont rendus au maréchal soviétique Tchouikov. Un soldat de la garde Rouge grimpe sur la porte de Brandebourg, l'arc de triomphe de la capitale allemande. Il arbore un immense drapeau rouge qu'il plante au sommet du monument.

Les Anglais se sont emparés du port de Hambourg. Les Américains ont pris Munich et les Français de la division Leclerc Berchtesgaden. De Lattre de Tassigny a conquis la Forêt-Noire. Tout ce qui porte encore les armes abandonne le front de l'Est pour se rendre aux Américains à l'ouest. Eisenhower a renoncé à prendre Prague. Il laisse les Russes se rendre maîtres de la ville. Depuis le 5 mai, toute résistance allemande a cessé sur le front de l'Ouest. 2 500 000 soldats se rendent en quelques heures. Eisenhower refuse une simple capitulation des armées de l'Ouest : « C'est sur tous les fronts, dit-il, que les Allemands doivent se

rendre. » Le général Jodl, au nom de l'armée allemande, capitule le 7 mai à Reims. Les Soviétiques veulent avoir leur part du triomphe : une cérémonie est organisée à Berlin le 8. Keitel signe une capitulation imposée par tous les Alliés, y compris les Français représentés par le général de Lattre de Tassigny. Un absent, au dernier acte : le président Roosevelt est mort le 12 avril.

Le 9 mai 1945, à 0 h 16 à Berlin, au quartier général soviétique, la délégation allemande se prépare à signer la capitulation solennelle du IIIe Reich : au centre, le maréchal Keitel, chef des armées, l'amiral von Friedeburg, commandant de la Kriegsmarine, et le colonel-général Stumpff de la Luftwaffe. Les Alliés sont représentés par le maréchal Joukov (U.R.S.S.), le maréchal Montgomery et l'air marshall Tedder (G.B.), le général Spaatz (U.S.A.) et le général de Lattre de Tassigny (France). Un premier acte de capitulation avait été signé à Reims le 7 mai.

Le nouveau président des États-Unis, Truman, l'a annoncé discrètement au maréchal Staline à la fin de la conférence de Potsdam, ouverte le 17 juillet 1945.

Tokyo : 80 000 morts en un jour

La guerre n'est pas terminée tant que le Japon continue les combats. Il est vrai que les Américains ont désormais les moyens de contraindre les Japonais à la capitulation, disposant de l'arme absolue : la bombe atomique.

La préoccupation de Truman était d'obtenir l'aide ou l'accord de Staline pour en finir avec le Japon, à qui les Alliés avaient, de Potsdam, lancé un ultimatum. Faudrait-il lancer une bombe atomique sur son territoire pour obtenir la paix immédiate ?

Après le premier bombardement mené par le colonel Doolittle (avril 1942), Tokyo est bombardé systématiquement à partir de février 1945, quand le 21e Bomber Command s'installe aux Mariannes. Le raid le plus terrible est celui du 10 mars où périrent 89 000 habitants et où une zone de 40 km² sera complètement dévastée. Toutes les grandes villes japonaises furent bombardées : Osaka, Kobé, Yokohama, Nagoya. Le total des victimes s'établit à près de 260 000 morts, sans compter les victimes des attaques atomiques sur Hiroshima et Nagasaki.

Le 16 juillet 1945, à la veille de l'ouverture de la conférence, la première bombe atomique avait été expérimentée avec succès dans le Nouveau-Mexique, à Alamagordo. Ce résultat positif était dû à de puissants investissements et à de longues études. C'est Einstein qui avait convaincu le président Roosevelt de la nécessité de fabriquer la bombe avant les Allemands.

Les groupes d'étude de la Columbia et de Californie s'étaient réunis dans un laboratoire géant à Chicago. Sur le terrain de football de l'université on avait construit la première pile atomique, avec du graphite et de l'uranium. Le 19 août 1943, à Québec, Churchill avait accepté un accord pour une recherche commune. Les deux États s'engageaient à ne pas utiliser la bombe l'un contre l'autre ni contre une tierce puissance, sans concertation et accord préalable. Les investissements massifs avaient été réalisés en commun, et les États-Unis disposaient maintenant de 2 bombes opérationnelles qu'ils pouvaient utiliser, si les Britanniques donnaient leur accord, contre le Japon.

En avril 1945, la guerre avec le Japon était presque terminée : MacArthur avait nettoyé les Philippines avec l'aide de 100 000 guérilleros philippins qui poursuivaient les Japonais dans la jungle. Les Américains se rapprochaient peu à peu du Japon en s'emparant des îles de l'archipel Ryukyu et d'Okinawa.

Depuis février 1945, le bombardement systématique des villes japonaises est assuré par les B29. Le 8 mars, 334 superforteresses lancent 2 000 tonnes de bombes au napalm sur Tokyo dont beaucoup de maisons sont en bois. La ville est la proie des flammes, et l'on compte en une seule journée 80 000 morts. Les villes de Nagoya, Osaka et Kobe sont à leur tour incendiées et complètement détruites. Tous les bateaux qui naviguent en mer de Chine sont attaqués par les sous-marins et les avions torpilleurs. Faute de vivres importés d'outre-mer, les Japonais connaissent le rationnement, puis la faim.

Les deux bombes atomiques

Les Japonais ne peuvent se maintenir dans leurs possessions : la Birmanie passe aux Alliés et les résistants sont nombreux en Malaisie. Il n'y a plus de sécurité pour l'armée japonaise. En Chine, il faut se replier dans les ports. Les communistes de Mao Tsé-toung ont armé 600 000 partisans et dominent des provinces entières. Une guerre civile est à prévoir,

Signature de la capitulation japonaise sur le cuirassé « Missouri ». (Ici, l'amiral Sherman, de l'US Navy.)

car les soldats de Tchang Kaï-chek, armés par les Américains, ne s'entendent pas avec les communistes ; mais ils sont d'accord pour expulser les Japonais. En Indochine, ils massacrent par surprise les officiers français le 9 mars. Les soldats français faits prisonniers sont traînés dans les rues, poings liés et la corde au cou. Dans certains postes on les tue à coups de pelle et de pioche. Certains réussissent à s'enfuir en prenant les pistes de montagne qui conduisent en Chine du Sud. Le départ des Japonais d'Indochine et d'Indonésie ne laissera pas la place aux Blancs : ils ont armé, avant de s'embarquer, des rebelles qui veulent obtenir de la France et des Pays-Bas l'indépendance de leurs pays.

Les Japonais ont encore 2 500 000 hommes sous les armes et les Américains estiment que la conquête du Japon par des moyens classiques leur coûtera au moins 100 000 hommes. C'est ce qui va décider Truman. Le 9 mai, un comité se réunit à Washington pour étudier la possibilité de lancement d'une bombe atomique. Einstein et Oppenheimer ont fait les plus expresses réserves. Les militaires et les politiques décident néanmoins de lancer une première bombe sur Hiroshima le 6 août. Cette arme redoutable baptisée *Little Boy* est chargée avec précaution sur la superforteresse volante *Enola Gay,* elle est lâchée d'une altitude de 9 500 mètres. Il est 8 h 15. Les habitants voient un éclair aveuglant, puis une chaleur fantastique fait fondre les toits et ne laisse sur l'asphalte liquide que l'ombre des victimes. Les maisons sont arrachées à leurs fondations, un « vent de feu » embrase la ville et fond tout sur un rayon d'un kilomètre. On estime les morts à 71 000 et les grands blessés aux yeux brûlés, aux plaies purulentes sur le corps, à plus de 200 000.

À Tokyo, les militaires ne veulent toujours pas céder. Le 9 août, une deuxième bombe, *Fat Man,* est lancée à 12 h 01 sur Nagasaki par le B29 *Great Artist.* On compte 40 000 morts et autant de blessés. Le même jour, les Soviétiques ont déclaré la guerre au Japon. L'armée communiste occupe Port-Arthur et Moukden. Ils débarquent dans l'île de Sakhaline et dans les Kouriles. Leur intervention est inutile, car le Japon a décidé de capituler.

Contre les chefs militaires qui refusent toujours une capitulation qu'ils estiment contraire à l'honneur, le mikado convaincu par les bombes atomiques demande la paix et fait entendre pour la première fois sa voix à son peuple en parlant à la radio. Sur les places des villes les officiers se suicident en se faisant

Hiroshima, quelques jours après l'explosion de la bombe atomique « Little Boy ». 10 km² sont rasés, 20 000 maisons détruites par le souffle et 50 000 par le feu, et surtout 91 000 morts et disparus. (A Nagasaki, le bilan fut moins lourd : 40 000 tués.) Aujourd'hui reconstruite, Hiroshima compte 900 000 habitants.

hara-kiri. L'amiral Onishi, créateur du corps des kamikazes, se donne la mort. L'amiral Ugaki saute dans un avion et plonge dans l'Océan. Le 2 septembre, à bord du cuirassé *Missouri*, les Japonais signent la capitulation. Les Américains sont les seuls vainqueurs. MacArthur va démocratiser le Japon de force, en faisant pendre d'abord, comme criminels de guerre, 7 responsables de l'agression, dont le général Tojo.

Le grand vainqueur : les États-Unis

Cette fois, la Seconde Guerre mondiale est terminée : elle a fait au moins 50 000 000 de victimes, dont la moitié de civils. On compte 12 000 000 de morts en Russie, 6 000 000 en Pologne, 6 000 000 de juifs exterminés. L'Europe épuisée et meurtrie est coupée en deux par ce que Churchill appelle le « rideau de fer » : à l'est, les États qui vont tous devenir communistes ; à l'ouest, les nations armées, reconstruites et protégées par les États-Unis d'Amérique.

Ceux-ci sont les grands vainqueurs de la guerre ; leur marine est présente sur toutes les mers où elle a supplanté celle de la Grande-Bretagne. Les banques américaines détiennent 60 % des réserves d'or du monde, les Américains sont, de loin, la puissance industrielle la plus développée. Ils sont les seuls à posséder l'arme atomique. Ils sont en mesure d'imposer aux pays européens leur loi. En fait, ils vont les aider à se redresser. Ils construisent chez eux le siège de l'Organisation des Nations unies (ONU) mise en place pour régler pacifiquement les futurs conflits.

70 000 000 d'Européens de l'Est ont été abandonnés au communisme. 12 000 000 de réfugiés venus de ces nouvelles nations se sont installés dans l'Allemagne de l'Ouest que les Alliés finissent par constituer, en face d'une Allemagne de l'Est communiste. Staline a ordonné d'immenses transferts de populations dans les pays qu'il domine : des Polonais s'installent sur des terres allemandes, des Russes sur des terres polonaises. L'Europe panse ses plaies et s'efforce de coexister en attendant un règlement général de la paix qui n'interviendra jamais. La Seconde Guerre mondiale n'a pas eu pour fin une conférence internationale définissant les frontières des nouvelles nations. Les accords entre les « grands » ont réglé le sort du monde, sans que les autres peuples puissent intervenir. On espère que l'ONU réglera les problèmes futurs. Mais comment pourrait-elle éliminer la rivalité qui s'est très vite manifestée entre le monde communiste, devenu, avec la révolution chinoise et l'indépendance de la Chine, gigantesque, et le monde libre à l'ouest ? Pourtant en 1945, les gens ne s'inquiétaient pas trop de tout cela. Ils ne voyaient qu'une chose : la guerre était finie.

REPÈRES CHRONOLOGIQUES

1939

— 1er sept. : **Hitler envahit la Pologne.**
— 3 sept. : **La France et l'Angleterre déclarent la guerre à l'Allemagne.**
— 17 sept. : L'URSS envahit la Pologne.
— 27 sept. : Capitulation de Varsovie. La Pologne est vaincue. Allemands et Russes se partagent le territoire polonais.
— 30 nov. : L'URSS attaque la Finlande.

1940

— 12 mars : Les Alliés (Français et Anglais) envoient 13 000 hommes à Narvik en Norvège pour soutenir les Finlandais. Malgré cette aide, la Finlande doit capituler.
— 9 avril : L'Allemagne envahit le Danemark et la Norvège afin de couper court aux tentatives des Alliés de bloquer son ravitaillement en fer.
— 10 avril : Bataille navale de Narvik entre Allemands et Anglais.
— 10 mai : **L'Allemagne envahit la Hollande, la Belgique et le Luxembourg.** La Hollande capitulera le 19 mai. Français et Anglais se portent en Belgique.
— 13-15 mai : **Les Allemands enfoncent la défense française dans le secteur de Sedan.** Début de la course à la mer.
— 19 mai : Le général Weygand remplace le général Gamelin au commandement en chef.
— 28 mai : La Belgique capitule.
— 29 mai-4 juin : 120 000 Français et 220 000 Anglais embarquent à Dunkerque en direction de l'Angleterre.
— 5-10 juin : « Bataille de France » : le front Somme-Aisne est rompu.
— 10 juin : L'Italie déclare la guerre à la France et à l'Angleterre.
— 14 juin : Les Allemands pénètrent dans Paris. Le gouvernement français s'est installé à Tours puis enfin à Bordeaux.
— 16 juin : Le maréchal Pétain, chargé de former un nouveau gouvernement, demande les conditions d'un armistice.
— 18 juin : Depuis Londres, le général de Gaulle appelle les Français à la résistance.
— 22 juin : **Armistice franco-allemand.**
— 23 juin : Création à Londres de la « France libre ».
— 1er juil. : Le gouvernement français s'installe à Vichy.
— 3 juil. : A Mers el-Kébir, en Algérie, l'amiral anglais Somerville détruit la flotte française de l'amiral Gensoul.
— 10 juil. : Le maréchal Pétain est investi des pleins pouvoirs par 569 voix contre 80. Naissance de l'État français.
— juil.-nov. : De nombreuses colonies françaises se rallient à la France libre (Nouvelles-Hébrides, Côte-d'Ivoire, Tchad, Cameroun, Congo, Oubangui, Polynésie française, Nouvelle-Calédonie, Gabon et établissements français en Inde).
— 15 août : Bombardements massifs des bases aériennes anglaises puis les Allemands s'attaquent aux villes, surtout à Londres.
— 6 sept. : La Roumanie s'engage dans la guerre aux côtés de l'Allemagne et de l'Italie.
— 17 sept. : **Devant l'héroïque résistance anglaise, Hitler abandonne l'idée d'un débarquement en Angleterre.**
— 23-25 sept. : échec anglo-gaulliste à Dakar.
— 27 sept. : L'Allemagne, l'Italie et le Japon signent un pacte d'alliance.
— 24 oct. : Entrevue Hitler-Pétain à Montoire.
— 28 oct. : L'Italie attaque la Grèce qui va repousser les Italiens jusqu'en Albanie.
— 15 nov. : Les Allemands encerclent le ghetto de Varsovie.

1941

— 22 janv. : Les Anglais s'emparent de Tobrouk en Libye.
— 7 fév. : Prise de Benghazi par les Anglais. Le 26, « l'Afrikakorps » de Rommel est engagée en Libye.
— 2 mars : Les Allemands entrent en Bulgarie.
— 11 mars : **Par la loi « Prêt-bail », les États-Unis accordent leur aide matérielle aux Anglais.**
— 3 avril : Rommel reprend Benghazi, puis Tobrouk (13 avril).
— 5 avril : Les Anglais s'emparent d'Addis Abeba, capitale de l'Éthiopie.
— 6 avril : **L'Allemagne envahit la Yougoslavie** (qui capitule le 18 avril) **et la Grèce.**
— 13 avril : Pacte de neutralité entre l'URSS et le Japon.
— 20 mai : Invasion de la Crète par les parachutistes allemands.
— 30 mai : Les Anglais entrent dans Bagdad (Irak).
— 22 juin : **L'Allemagne attaque l'URSS.** Ses armées se ruent vers Leningrad, Moscou, le Caucase.
— 23 juin : Damas (Syrie), aux mains de forces de Vichy, est pris par les Anglais et les Gaullistes.
— 24 juin : **Les États-Unis décident d'accorder leur aide matérielle à l'URSS** (« Prêt-bail »).
— 14 août : Charte de l'Atlantique : Churchill et Roosevelt définissent les principes de la paix future.

– 9 sept. : Début du siège de Leningrad.
– 17 sept. : Anglais et Russes occupent Téhéran (Iran).
– 27 sept. : Capitulation des Italiens en Éthiopie.
– 15 nov. : Après Koursk, les Allemands prennent Yalta. La Crimée est occupée.
– 16 nov. : Début de la bataille de Moscou.
– Début déc. : **Contre-offensive russe : les Allemands sont repoussés à 200 kilomètres à l'ouest.**
– 7 déc. : **Sans déclaration de guerre, les Japonais détruisent par surprise la flotte américaine à Pearl Harbor. Le lendemain, les États-Unis déclarent la guerre au Japon.**
– 8 déc. : Angleterre, Nouvelle-Zélande, Afrique du Sud, Australie et Canada déclarent la guerre au Japon. Les Anglais reprennent Tobrouk (Libye).
– 9 déc. : Les Japonais débarquent en Malaisie, aux Philippines, et bientôt aux îles Mariannes, en Nouvelle-Guinée, à Hong Kong.
– 11 déc. : L'Allemagne et l'Italie déclarent la guerre aux États-Unis.

1942

– 20 janv. : **Conférence de Wannsee : annonce de « la solution définitive du problème juif en Europe ».**
– 22 janv. : Les Japonais prennent les îles Salomon. Contre-offensive de Rommel en Libye.
– 15 fév. : Les Japonais s'emparent de Singapour.
– 6 mai : **Prise de l'île Corregidor qui achève la conquête des Philippines.**
– 28 mai : Les Japonais maîtres de la Birmanie.
– 3-7 juin : **Batailles des îles Midway** (nord-ouest de Hawaii). **Tournant de la guerre du Pacifique.**
– 21 juin : Tobrouk retombe aux mains des Allemands qui poussent jusqu'à El-Alamein (Égypte).
– 25 juin : Le général Einsenhower, commandant en chef des troupes alliées en Europe.
– 2 juil. : Prise de Sébastopol par les Allemands (après huit mois de siège).
– 7 août : Les Américains débarquent à Guadalcanal (îles Salomon). C'est le début de leur contre-offensive.
– Sept.-oct. : Bataille de Stalingrad.
– 3 nov. : **Montgomery bat Rommel à El-Alamein. Retraite allemande vers l'ouest.**
– 8 nov. : **Débarquement anglo-américain en Afrique du Nord.**
– 11 nov. : L'Allemagne occupe la zone libre en France.
– 13 nov. : Les Anglais reprennent Tobrouk. Rommel retraite vers la Tunisie.
– 15 nov. : Les Japonais sont battus aux îles Salomon.
– 18 nov. : Avance extrême des Allemands vers la Volga et le Caucase.
– 24 nov. : Assassinat de l'amiral Darlan à Alger.
– 27 nov. : Sabordage de la flotte française à Toulon.

1943

– 14-26 janv. : Roosevelt et Churchill décident à Anfa de poursuivre la lutte jusqu'à la capitulation « sans condition » de l'Allemagne.
– 31 janv-2 fév. : **Les Allemands capitulent à Stalingrad. C'est le tournant de la guerre à l'est.**
– 19 avr-16 mai : Soulèvement du ghetto de Varsovie.
– 9 mai : Capitulation des Allemands en Crète.
– 13 mai : Les Allemands capitulent en Tunisie. Le général Giraud entre à Tunis.
– 5 juil. : En URSS, dernière grande offensive allemande autour de Koursk.
– 10 juil. : Débarquement allié en Sicile, entièrement conquise le 18 août.
– 25 juil. : **Destitution de Mussolini.**
– 26 août : Les Alliés reconnaissent officiellement le CFLN (Comité français de libération nationale).
– 1er sept. : Violents bombardements anglais sur Berlin, après ceux sur Hambourg en juillet.
– 8 sept. : **Capitulation de l'Italie. Le 9, débarquement allié à Salerne (sud de Naples) et à Tarente.** Le 10, les Allemands occupent Rome et l'Italie du Nord.
– 12 sept. : Libération de la Corse par les Français.
– 18 sept. : Libération de la Sardaigne.
– 12 oct. : Coup d'arrêt à la progression alliée en Italie, sur la ligne Gustav. A l'Est, les Russes percent les lignes allemandes.
– 13 oct. : Le nouveau gouvernement italien du maréchal Badoglio déclare la guerre à l'Allemagne.
– 6 nov. : Les Soviétiques reprennent Kiev.
– 21 nov. : Dans le Pacifique, reconquête de la Nouvelle-Guinée et des îles Gilbert par les Américains.
– 28 nov.-2 déc. : **Conférence de Téhéran :** première rencontre de Churchill, Roosevelt et Staline. Définition de zones d'influence.
– 29-30 nov. : En Yougoslavie, le communiste Tito s'impose comme chef de la Résistance.
– 10 déc. : Un corps expéditionnaire français en Italie.

1944

– 4 janv-12 mai : L'offensive soviétique d'hiver se solde par **la reconquête de l'Ukraine et de la Crimée.**
– 12 janv. : Fin du siège de Leningrad, après 900 jours de blocus.
– 29 janv. : Les Américains débarquent aux îles Marshall.
– Fév.-mai : En Italie, bataille de Monte Cassino.

– 15-17 mars : Les Russes franchissent le Bug, le Dniestr et le Dniepr.

– 19 mars : Occupation allemande de la Hongrie.

– 3 mai : Début de la bataille des Philippines.

– 17 mai : Premiers pilotes-suicide au Japon (kamikazes).

– 3 juin : Le Comité français de libération nationale présidé par de Gaulle se transforme en gouvernement provisoire de la République française.

– 26-27 mai : Série de bombardements alliés sur les villes françaises.

– 4 juin : **Libération de Rome.**

– 6 juin : **Débarquement allié en Normandie.**

– 10 juin : Massacre d'Oradour-sur-Glane.

– 13 juin : Début, en France, des combats du maquis du Vercors.

– 13 juin : Premiers bombardements de V1 sur l'Angleterre.

– 22 juin : Offensive soviétique en Biélorussie.

– 9-18 juil. : Combats pour Caen (Normandie).

– 17 juil. : **Les Soviétiques entrent en Pologne.**

– 20 juil. : Attentat manqué contre Hitler.

– 22 juil. : Création par les Soviétiques d'un comité polonais de libération nationale dit « de Lublin » (communiste).

– 30 juil. : Normandie : percée de Patton.

– 1er août : Début de l'insurrection de Varsovie.

– 5 août : Libération de Rennes.

– 15 août : **Débarquement allié en Provence** avec la 1re armée française (de Lattre).

– 17 août : Libération de Chartres, d'Orléans.

– 19 août : En France, les Allemands ordonnent la retraite générale. Le lendemain ils arrêtent le maréchal Pétain et l'emmènent en Allemagne.

– 20 août : Les Russes pénètrent en Roumanie.

– 23 août : De Lattre à Marseille. En huit jours, tout le Midi sera libéré.

– 24-25 août : **Libération de Paris.**

– 31 août-6 sept. : Les Soviétiques occupent la Roumanie et la Bulgarie.

– 2-15 sept. : **Les Alliés libèrent la Belgique.**

– 17-26 sept. : **Bataille d'Arnhem (Hollande).**

– 19 sept. : La Finlande capitule devant l'URSS.

– 2 oct. : Capitulation de Varsovie.

– 4 oct. : **L'armée Rouge entre en Hongrie, en Tchécoslovaquie.**

– 12 oct. : Libération d'Athènes par les Anglais.

– 20 oct. : L'armée Rouge et Tito, qui ont fait leur jonction, entrent à Belgrade.

– 22-25 oct. : Bataille de Leyte. Grande victoire navale des Américains : la route des Philippines est ouverte.

– 28 oct. : Armistice soviéto-bulgare.

– 23 nov. : Strasbourg libéré par les Français.

– 16-26 déc. : **Ultime contre-offensive allemande dans les Ardennes (Bastogne).** L'ennemi reculera à partir du 27.

1945

– 12 janv. : Début de la grande offensive soviétique vers Berlin, Budapest, Vienne.

– 27 janv. : **Les Russes libèrent Auschwitz. Début de la révélation au monde de la réalité des camps de concentration.**

– 4-11 fév. : **Conférence de Yalta** (Churchill, Roosevelt, Staline).

– 19 fév.-17 mars : Bataille et victoire américaine d'Iwo Jima (1 200 km du Japon). Raids sur les villes japonaises. 125 000 morts à Tokyo le 10 mars.

– 23 fév. : **Les Philippines sont totalement reconquises par les Américains.** La Birmanie est reprise par les Anglais et les Chinois.

– 8 mars : **Les Alliés traversent le Rhin à Remagen.**

– 1er avril : **Les Américains débarquent à Okinawa** (îles Ryukyu). **Début de la plus grande bataille aéronavale de l'histoire (82 jours).**

– 12 avril : Mort de Roosevelt. Truman lui succède. Les Américains atteignent l'Elbe.

– 25 avr.-26 juin : Conférence de San Francisco : **élaboration de la Charte des Nations unies.**

– 25-26 avril : Jonction des Américains et des Russes sur l'Elbe. Berlin encerclé par les Russes.

– 28 avril : **Exécution de Mussolini.**

– 29 avril : Capitulation des forces allemandes d'Italie et d'Autriche.

– 30 avril : **Hitler se suicide à Berlin.**

– 2 mai : **Capitulation de Berlin.**

– 5 mai : Début de l'insurrection à Prague.

– 7 mai : **A 2 h 41, à Reims, capitulation sans condition de l'armée allemande.** L'acte est signé par le général Eisenhower, commandant en chef des Alliés et, pour les Allemands, par le général Jodl et l'amiral von Friedburg.

– 9 mai : 0 h 16 à Berlin, au quartier général soviétique, nouvelle signature de l'acte de capitulation. La France est représentée par le général de Lattre. Les Russes s'emparent de Prague.

– 17 juil.-2 août : Conférence de Potsdam (Staline, Truman, Churchill, Atlee) sur l'occupation et l'administration de l'Allemagne, et sur la frontière germano-polonaise.

– 6 août : **Les Américains lachent la 1re bombe atomique sur Hiroshima** (71 000 morts), puis une seconde sur Nagasaki le 9 août (40 000 morts).

– 8 août : L'URSS déclare la guerre au Japon.

– 14 août : **Capitulation japonaise.** Signature le 2 septembre sur le *Missouri* (côté américain : le général MacArthur et l'amiral Nimitz).

TABLE DES MATIÈRES

Pertes humaines 1939-1945

Environ **50 millions de morts**, 35 millions de blessés, 3 millions de disparus. Parmi les morts : de **20 à 30 millions de civils.**
Pertes militaires : environ 12 millions de Russes, 6 millions et demi de Chinois, 4 millions d'Allemands, 1 million et demi de Japonais, 310 000 Britanniques, 295 000 Américains, 270 000 Français.

TABLE DES ILLUSTRATIONS

In der Weihnachtswerkstatt

Wenn der Herbst beginnt, kommt für viele Kinder eine Zeit, mit der sie nicht viel anfangen können. Ein kalter Wind weht und reißt alle Blätter von den Bäumen. Dazu regnet es beinahe jeden Tag. Nun wird es nicht mehr lange dauern, bis der erste Schnee fällt, und dann ist schon bald Weihnachten. Doch soweit denkt noch kein Kind voraus – wo doch eben erst der Sommer vorüber ist! Für weihnachtliche Gedanken ist es noch viel zu früh.

Aber so ist es nicht überall. Es gibt einen Ort, wo man sich bereits jetzt große Gedanken macht. Dort öffnet sich soeben ein großes Tor, das nun bis Weihnachten nicht mehr geschlossen wird. Es ist das verborgene Tor zur Himmelswerkstatt, durch das nach und nach die Englein erscheinen. Für sie beginnt nun die Zeit der Weihnachtsvorbereitungen. Es gibt verschiedene Räume in der Himmelswerkstatt. Gleich links neben dem großen Eingangstor ist die Schneiderei. Hier sind die Englein schon emsig am Zuschneiden, Nähen und Bügeln. So viele Kinder möchten für ihre Puppen